スピノザ「共通概念」試論

スピノザ「共通概念」試論

福居　純著

知泉書館

凡　例

一　スピノザの著作からの引用において使用したテクストは、*Spinoza Opera*, im Auftrag der Heidelberger Akademie der Wissenschaften hrsg. von Carl Gebhardt, Rep. von Carl Winter, 1925. である。略記の仕方は次の通りである。

EI1＝『エチカ』(Ethica) 第一部定理一
Def.＝定義（Definitio）
Ax.＝公理（Axioma）
Postul.＝要請（Postulatum）
Pr.＝定理（Propositio）
Dem.＝証明（Demonstratio）
Sch.＝備考（Scholium）
Cor.＝系（Corollarium）
Lem.＝補助定理（Lemma）
Exp.＝説明（Explicatio）
Praef.＝序文（Praefatio）
App＝付録（Appendix）
Ep.＝『往復書簡』(Epistolae)

TTP＝『神学・政治論』（Tractatus Theologico-Politicus）

二　デカルトの著作は、*Œuvres de Descartes*, publiées par Charles Adam et Paul Tannery, Vrin, 1964-1974. から引用して、これをATと略記し、その巻数と頁数とを付した。

三　スピノザ『エチカ』の日本語訳については、畠中尚志訳『スピノザ　エチカ―倫理学―』、岩波文庫、上巻一九七八年版、下巻一九七六年版、および佐藤一郎編訳『スピノザ　エチカ抄』、みすず書房、二〇〇七年、を参照した。

目次

スピノザ「共通概念」試論

一　はじめに

スピノザは主著『エチカ』のなかで、人間精神に可能な認識を三種類に分類した。すなわち、「第一種の認識」に「臆見（opinio）」もしくは「想像（imaginatio）」を、「第二種の認識」に「共通概念（notiones communes）」もしくは「理性（ratio）」を、そして「第三種の認識」に「直観知（scientia intuitiva）」を配している（EII40, Sch.2）。さらにスピノザは、第一種の認識にはすべての「非妥当な観念（ideae inadaequatae）」が属するのであって、この認識が「虚偽の唯一の原因」であるとなし、これに対して、第二種および第三種の認識には「妥当な観念（ideae adaequatae）」が属するのであって、かくてこれらの認識は「必然的に真」である、と規定した（EII41, Pr. et Dem.）。そうだとすれば、スピノザは第一種と第二種および第三種とのあいだにはいかなる関係をも認めず、他方、第二種と第三種とのあいだには何らかの関係を認めている、と考えられるべきように思われる。実際、スピノザは「事物を第三種の認識において認識しようとする努力あるいは欲望は、第一種の認識から生ずることはできないが、第二種の認識からはたしかに生ずることができる」（EV28, Pr.）と述べて、第二種の認識から第三種の認識への或る種の移行を認めている。そして他方、スピノザは精神の「能動（actio）」と「受動（passio）」とに関して、「精神の能動は独り妥当な観念のみから生じ、これに反して受動は独り非妥当な観念のみに依存する」（EIII3, Pr. 傍点は引用者による）と述べて、第一種の認識と第二種および第三種の認識とのあいだの明確な断絶を強調している。しかしそれにもかかわらず、「すべての観念は神に関係するかぎり真である」（EII32, Pr.）というのがスピノザの根本主張であった。妥当な観念であれ非妥当な観念であれいかなる観念もすべて神のなかに在るのであって、そのようにして神に関係づけられるかぎり、すべての観念は真であり妥当である、というのである。そうだとすれば、一方で語られる「妥当な観念」と「非妥当な観念」との〈区別〉とは何を意味するのか。右に指摘した、三種の認識のあいだに認められた、〈或る種の移行〉とか〈明確な断絶〉とかは具体的に何を意味するのか。とりわけ、そのような〈移行〉と〈断絶〉とは厳密に対立する事態なのか。これらの問題を、われわれはスピノザの語った「第二種の認識」、すなわち

「共通概念」もしくは「理性」、に注目しながら、以下に少しく検討してみたい。

二　自己原因と作用原因

周知のように、スピノザは『エチカ』の第一部を「神について」と規定し、「自己原因（causa sui）」の定義を以て始めた。すなわち、「自己原因とは、その本質（essentia）が存在（existentia）を含むもの、言うならその本性（natura）が存在しつつある（existens）としか概念されえないもの、と私は知解する」、と（EI, Def. 1）。したがって、この定義は、神における本質と存在との絶対的一致が「自己原因」の本性を表現する、ということを語るものである。言い換えるならば、神自身ならびにすべてのものが「在りかつ働きを為す（esse et agere）」ところの原因である「神の力能（potentia）は神の本質そのものである」（EI34, Pr. et Dem.）。さらに言い換えるならば、「神の力能は神の活動的本質（actuosa essentia）に他ならず」、かくて「神が働きを為さぬ〔活動せぬ〕と考えることは神が在らぬと考えるのと同様にわれわれには不可能である」

（EII3, Sch.〔　〕内は引用者による補足）。したがって、自己原因であること、すなわち本質が存在を含むものであること、言うなら本質と存在とが絶対的に一致するものであること、このことは、自らが自らを在るがままに、すなわち全面的に完全に、表現する、ということを意味する。ここで、〈表現する〉は〈産出する〉と言い換えてもよい。なぜなら、〈原因〉とは〈結果を産出する〉ということを以て〈原因〉と言われるのが通常だからである。そうだとすれば、「自己原因」とは〈自らが自らを在るがままに産出する〉という事態であることになる。〈在るがままに産出する〉とは〈産出する働き〉を純粋に〈働き〉として支持するということである。原因は何ものかを産出するのであるが、〈産出〉という〈働き〉の相のもとにみるかぎり、当の〈何ものか〉は〈結果〉ではない。〈結果〉とみなされるときは、〈働き〉のいわば外に出るようにして――〈働き〉そのものを止めて――、〈産出の働き〉を対象化して眺めることを意味しているのである。そのように、〈産出する働き〉をその働きのいわば外側から、対象化して眺めるならば、〈自らが自らを産出する〉という事態は、〈自ら〔が〕〉が原因であり〈自ら〔を〕〉が結果であるような、超越的な因・果の関係を語ることになってしまう。「自己原因」はそのような〈超越的な原因性〉を排除して、純粋に〈内在的な原因性〉を語るのでなければならない。それが

〈自らを在るがままに産出する〉ということの意味である。〈自らを産出する〉ということをあたかも〈自己結果〉の如くに解してはならない。そのようにして初めて、「自己原因」は〈自らの全面的に完全な表現〉と言われうるのである。

　このような〈純粋に働きに即して捉えられる自己原因〉としての〈神の完全な自己表現〉を、スピノザは「属性（attributum）」と定義する。すなわち、「属性とは、知性が実体についてその本質を構成しているとして知覚するもの、と私は知解する」、と（EI, Def. 4）。したがって、「属性」について語るためには、まず「実体（substantia）」について考察しておかねばならない。スピノザは、「実体とは自己のうちに在り（in se esse）、かつ自己によって概念される（per se concipi）もの、すなわち、その概念を形成するために他の事物の概念を必要としないもの、と私は知解する」、と定義する（EI, Def. 3）。われわれはこの定義の背後に「自己原因」なる概念が潜んでいるのを容易に理解する。なぜなら、神が「在る」もしくは「存在する」ということは神が「働きを為す」もしくは「活動する」ということに他ならなかったからである。かくて、「自己のうちに在る」とは積極的に〈自己に由因して在る（a se esse）〉と同義である。（ここで、〈積極的に〉と強調したのは、〈原因の探求が究極の第一原因に到達しえないということによって、当の探究を究極的に断念する〉という事態のもとに、〈自己に由因して在る〉ということを消極的に〈原因なしに在る〉と解する、という考え方を拒斥せねばならぬからである。）そのように、「実体」が「自己原因」なる概念を下敷きにしているとすれば、「自己によって概念される」べきこともまた、容易に理解される。なぜなら、「自己原因」は純粋に内在的な原因性を語るものである以上、「実体」の概念はいかなる〈否定〉性をも排除すべきだからである。そのような「絶対的肯定」（EI8, Sch. 1）のもとで、「実体」は〈自らを在るがままに、言うなら全面的に完全に、表現する〉、と言われうる。そのかぎり、「実体」は「神」と同義である（EI, Def. 6）。そして、〈実体自らの全面的に完全な表現〉のもとに、スピノザが以後繰返し指摘することになる「神の本性の必然性」なる概念が語られているのである。

「実体」に関する右のような理解のもとで、「属性」の定義に戻ってみよう。繰返し述べれば、「属性」とは「知性が実体についてその本質を構成しているとして知覚するもの」のことであった。この定義において、何故「知性（intellectus）」が介入してくるのか。この「知性」は、スピノザによれば「無限の知性」である（EII7, Sch.）とはいえ、「様態（modus）」である。スピノザは「絶対的に無限の知性」をいわゆる〈直接無限様態〉の例として提示している（Ep. 64）。

ところで、スピノザは「様態とは、実体の変状（affectio）、言うなら、他のもののうちに在り（in alio esse）、また他のものによって概念されるもの、と私は知解する」、と定義する（EI, Def. 5）。そうだとすれば、このような「様態」は先の「実体」とはいかなる共通点をもたないことになる。実際、スピノザは『エチカ』第一部を構成する一連の定理の冒頭で、「実体は本性上自己の変状に先立つ」（EII, Pr.）と述べている。しかし、その「実体」は「自己原因」によって担われるものであって、「活動的本質」から成るものであるがゆえに、必然的に〈表現的な性格〉を有するのであった。すなわち、たしかに、もしわれわれが「実体」について何らかの認識をもたないならば、われわれはそれを「実体」と名づけることができないであろうが、しかし、当の「実体」が何らかの仕方で自らを開示し自らを表現するようにそれ自身を知らせることがなければ、われわれはそれを認識することができないはずである。[1] そのような「実体」の〈表現〉、言うなら「実体」の〈表現する働き〉を、スピノザは「属性」と定義するのである。「実体」と「属性」とが区別されるのは「属性」が一定の本質を表現しているかぎりのことであって、両者のあいだにはいわゆる〈思惟上の区別（distinctio rationis）〉しか存しない。かくして、「実体」は自らを表現し、「属性」は表現であり、「本質」は表現される、ということになる。[2] その際、

「属性」が必然的に「知性」と結びつくのは、「属性」が〈表現的な性格〉をもち、その表現内容がそれを「知覚する」ひとつの「知性」を必然的に内含しているからである。[3] あたかも「すべての光線が何らの変化なしに反射するところのもの」としての「平滑な面」がそれを見る人間との関係によって「白」と呼ばれるのと同じように、「実体」はそれに或る一定の本質を「帰属せしめる」知性との関係によってさまざまに呼ばれるのである（Ep. 9）。言い換えるならば、〈表現〉としての「属性」を介して、〈表現される〉「本質」を、〈自らを表現する〉「実体」に結びつけ、このような内在的な結びつきを「知性」は捉えるのである。さらに言い換えるならば、「実体」は自らを概念するがままに一切を産出し、自らが産出する当の一切を概念するとともに、そのように自らを概念しかつ自らの産出する一切を概念する際の〈形相〉〈言うなら、〈概念する〉という働きの完成された姿〉を産出するのであって、[4] そのような〈形相〉こそは「知性」に他ならぬのである。かくして、「属性」は「実体」に内在する、当の「実体」についてのさまざまな〈視点〉の如きものである。[5] この〈視点〉から注がれる〈視線〉によって自らを表現するものとしての「実体」の〈証明（demonstratio）〉は可能になる。〈証明〉とはいわば不可視のものとしての〈自らを表現する実体〉の無媒介的な表現であって、それを支えるものこそは〈表現〉そのものとしての「属性」なのである。[6]

このような〈表現〉そのものとしての「属性」のもとで、「実体」と「様態」とは〈原因〉と〈結果〉として結合されうることになる。つまり、この「属性」を通して原因は産出し、この「属性」において結果は産出されるのである（EII6, Pr.）。かくして、スピノザ的「自己原因」は、「実体」の相のもとでは「本性上自己の変状に先立つ」ものとして一切のアポステリオリ性を斥けると同時に、「属性」の相のもとでは「変状」を「実体」に内在させることによって、当の「変状」の実在性を支持するのである。別の言い方をすれば、「実体」は〈産出するもの〉として、また「様態」は〈産出されるもの〉として、両者は峻別されるのであるが、それが「属性」の相のもとでは、「実体」は〈産出しつつあるもの〉として、また「様態」は〈産出されつつあるもの〉として、両者は〈つつある〉の相のもとに結合されるのである。かくして、スピノザは「神の本性の必然性から無限に多くのものが無限に多くの仕方で（言い換えれば、無限の知性によって捉えることのできるすべてのものが）生じ来なければならない」（EII6, Pr.）、と語ることになる。神は「自己自身を知解する（intelligere）のと同一の必然性を以て働く（agere）」のであって、かくて「神が自己自身を知解することが神的本性の必然性から生じ来るように、神が無限に多くのことを無限に多くの仕方で為す（agere）こともまたそれと同一の必然性から生じ来る」（EII3, Sch.）。この〈神的本性の必然性から無限に多くの仕方で生じ来る無限に多くのもの〉とは様態的変状のことであるが、スピノザはこれをむしろ「特質（proprietas）」と呼ぶ（EII6, Dem.）。様態的変状は本質においても存在においても実体とは異なるが、それにもかかわらず、実体の本質を構成している属性のうちに産出されるのである。つまり、様態的変状とは各々に固有の本質と存在とを有する（なぜなら、「無限に多くの仕方で生じ来る」のであったから[7]）個々の実在的事物であって、それらはそれらすべてがそのうちで産出されるところの属性を離れては在りえない[8]、ということである。右の引用文（EII3, Sch.）における「神が自己自身を知解することが神的本性の必然性から生じ来る」ということは、神の本質が属性において〈全面的に完全な〉表現を得るということ、神の自己原因であることが属性によって担われるということ、を意味しているのである。スピノザが「神的本性は、その各々が自己の類において無限の本質を表現する絶対的に無限の数の属性を有するから、そのゆえに、神的本性の必然性から無限に多くのものが無限に多くの仕方で（言い換えれば、無限の知性によって捉えることのできるすべてのものが）必然的に生じ来なければならぬ」と語る（EII6, Dem. 傍点は引用者による）のもそのゆえである。「特質」とは〈産出されつつある（naturata）相のもとで捉えられた「様態的変状」のことであり、その際には必然的に、〈産出しつつある（naturans）〉相のもとに「実体」が「属性」を通して表現される。「すべて在るものは神のうちに在る」という定理（EI15, Pr.）において、その「在る」の仕方は、実体と様態的変状とではまったく異なっているにせよ、〈つつある〉相のもとでは〈属性において一義的に〉「在る」と言われるのである。かくして、「知性は、事物の定義がより多くの実在性を表現するにつれて、言い換えるならば、定義された事物の本質がより多くの実在性を含むにつれて、それだけ多くの特質を結論する」（EI16, Dem.）ということが理解されねばならない。

右に言う「実在性（realitas）」とは、〈つつある〉相のもとに捉えられる「特質」に具わる〈在りつつあること（ens）性〔存在者性（entitas）〕〉と言い換えてもよい。スピノザは「各々の事物（res）がより多くの実在性あるいは在ること（plus realitatis, aut esse）をもつに従って、それだけ多くの属性が当の事物に当てはまる」（EI9, Pr.）、と述べている。あるいはまた、「或る在りつつあること〔存在者〕（ens）がより多くの実在性あるいは在ることをもつに従って、それだけ多くの属性がそれに帰せられる」（Ep. 9〔　〕内は引用者による補足）、とも述べている。そ(9)

こでわれわれは、「より多くの在ること（plus esse）」を、働きの相のもとにみて、〈在りつつあること〔存在者〕性（entitas）〉と言い換えたいのである[10]。さて、その「実在性」あるいは〈存在者性（在りつつあること性）〉であるが、それは「事物」（言うなら「存在者」、言うなら「実体」）が「自己によって概念されるもの」とみられるかぎりでの、当の「事物」の在り方を問題にする。事物は〈通常在るその仕方で〉現われねばならぬのである。それは、〈原型〉（言うなら原因ないし根拠）として中心を成していると想定される事物そのものがいわば〈脱中心化〉する、ということである。そのように自らの中心をいわば失うことになる事物は、いわば自らの外部に中心を有するかのように、さまざまな〈表現〉をとる。この事態は、〈原型〉なる事物という視点からみるなら、事物はさまざまな性質〈を所有する〉のであるが、〈表現〉をとる事物という視点からみるなら、事物はさまざまな性質〈から成る〉ということを意味している。事物が自らの中心をいわば失うということは、事物を表現づける差異としてのさまざまな性質が却って独立的な肯定的事物性となるからである。そのようにして、性質の多様性には無関心で専ら肯定性のみを保持する、いわば〈質料的な〉性質が主題化されることになる。それが〈事物（res）性〉、言うなら〈存在者（ens）性〉としての「実在性（realitas）」、言うなら〈在りつつあること性（entitas)〉に他ならぬのである。それはあたかも絵画がいかなる根拠で絵画と呼ばれるかを理解する場合と同じである。画家の描いた絵にあっては、事物についての多様な色の、単なる「任意の配合」がみられるのではなく、事物との何らかの類似を表現すべく「技巧的になされた配合」が認められる。したがって、絵画とは、〈事物が多様な色の配合を所有する〉という事態（つまり、各々の色を一般性において――固有性をもたぬものとして――所有すること）を表わすが如きもの――それならば画家ならずとも誰にでも可能なことである――ではなくて、とりわけ画家によって、〈多様な仕方での色の配合から成る事物〉として（いわば各々の色の固有性を支持することによって）、巧みに仕上げられた、その「完全性（perfectio）」を語っているのである[11]。この「完全性」がすなわち、〈肯定性〉としての（言うなら〈在りつつあること性〉としての）、「実在性」に他ならない[12]。かくして、〈自己を表現する〉実体が〈表現〉そのものとして属性を得るということに際しては、常に必然的に右の如き「実在性」が語られているのである。

以上の如き推断から、「神は無限の知性によって捉えることのできるすべての事物の作用原因である」ということが帰結する（EI16, Cor. 1）。神は〈在るがままに〉、言うなら〈自己自身を知解するがままに〉、産出し、自らが産出するすべてのものを知解し、それと同時に、自己自身と自らの産出物とに対するこの〈知解〉それ自体を「知性」として産出するのである。ところで、「作用原因（causa efficiens）」が〈原因〉と言われうる根拠は、既にデカルトが指摘したところであるが、〈causa efficiens〉の字義通りに、原因は「結果を産出しつつあるかぎりにおいて（quandiu producit effectum）のみ」原因たりうる、ということにある。[13] したがって、「作用原因」は原因と結果とが同時的に存立することを理解させる概念である。もし通常理解されるように、原因が結果に対して「時間的に先なるもの」とされるなら、その場合にはそのような結果を〈かつて産出した原因〉が尋ねられることになるのであって、そのような探究は原因の系列を無際限に遡行して、「第一原因（causa prima）」と呼ばれる究極の原因を結論するには到らぬであろう。[14] そして、そのような事態は、原因と結果とを、〈時間的に同じ秩序のもの〉と解する――言うなら、〈等質的時間の経過〉という相のもとで捉える――ことによって、〈別個のもの〉として分離することに由因している。しかし、「無限に多くのもの」としての結果は「無限に多くの仕方で生じ来る」のであって、そのかぎり、原因と結果とが〈別個のもの〉であるということは、時間的〈先後〉の関係においてではなく、時間的〈秩序〉に関して語られねばならない。原因と結果とは〈同時的に存立する〉――言うなら、〈産出しつつある原因〉と〈産出されつつある結果〉との綜合として存立する——がゆえに、〈別個のもの〉と言われうるのである。

かくして、「作用原因」は「実体」が「属性」の相のもとに捉えられて、〈原因〉が〈結果〉を必然的に引きいれるがゆえに成り立つ概念である。そうだとすれば、〈作用的原因性〉は因・果の系列を〈様態的変状の相のもとに〉眺めるところに語られるわけである。それゆえスピノザは、「神は無限の知性によって捕らえることのできるすべての事物の作用原因である」、と語ったのである。しかし、そうだとすればまた、「作用原因」は〈原因〉の〈産出するという働き〉を、いわば当の働きの外側に出るようにして眺めている、ということになる。そのかぎり、「自己原因」はいわば〈自己結果〉を引きいれねばならなくなる。そのかぎりでは、「自己原因」は「作用原因」と区別されねばならない。しかし、〈原因〉が〈結果〉を引きいれるにしても、まず〈結果〉を措定したうえで、それに関する〈原因〉を尋ねる、というのではない。通常の意味での「作用原因」は〈かつて結果を産出した原因〉を尋ねて原因の系列を無際限に遡行することができるという点にその本質的特徴があった。原因は結果と同じ秩序に属するものとして当の結果に対して時間的に先立ち、そのかぎりにおいて当の結果とは別個のものであった。それに反して、スピノザの意味での「作用原因」を語るということは、あくまでも、〈結果〉を通してではあるにせよ――〈様態的変状の相のもと〉ではあるにせよ――、唯ただ〈結果〉が〈原因〉と同時的に存立しているかぎりにおいてのみ、果されうるのである。そのように、〈結果〉が〈原因〉と同時的に存立していて、「絶対的に第一の原因」（EII6, Cor. 3）にいわば常に既に到達しているのであれば、様態的変状の相のもとに辿られる原因の系列は〈真の意味で無限〉――デカルト的意味で、「無際限（indefinitus）」とは区別される「無限（infinitus）」[15]――でなければならない。「神の属性の変状、言うなら、神の属性を一定の仕方で表現する様態」としての「特殊的事物（res particulares）」（EI25, Cor.）である〈個物〉（言うなら〈個別的事物〉）の「存在」に即して言うならば、「いかなる個物（res singularis）も、言うなら有限で定まった存在を有するいかなる事物も、同様に有限で定まった存在を有する他の原因から存在や作用へと決定されるのでなくては、存在することも作用へと決定されることもできない。さらに、この原因もまた、同様に有限で定まった存在を有する他の原因から存在や作用へと決定されるのでなくては、存在することも作用へと決定されることもできない。このようにして、無限に進む」（EI28, Pr. 傍点は引用者による）のである。

右に個物の〈「存在」に即して言うならば〉と述べたのは、スピノザでは「個物」は二重の意味で語られているからである。すなわち、「個物（res singulares）が神の属性のなかに包容されているかぎりにおいてのみ存在するあいだは、個物の思念的な在ること（esse objectivum）すなわち個物の観念は神の無限の観念が存在するかぎりにおいてのみ存在する。そして、個物が神の属性のなかに包容されているかぎりにおいて存在するばかりでなく、さらにまた持続すると言われるかぎりにおいても存在すると言われるようになると、個物の観念もまた持続すると言われる存在を含むようになる」（EII8, Cor.）。「個物」は「神の属性のなかに包容されているかぎりにおいてのみ」存在するとともに「持続すると言われるかぎりにおいても」存在する。したがって、〈個物の存在〉が後者の意味で語られるならば、前者の意味においては「個物」はむしろ「存在しない」。実際、スピノザは右に引用した「系」を導くところの「定理」で次のように述べている。すなわち、「存在しない（non existentium）個物言うなら様態の観念は、個物言うなら様態の形相的本質（essentiae formales）が神の属性のなかに含まれているのと同じように、神の無限の観念のなかに包容されていなければならない」（EII8, Pr. 傍点は引用者による）、と。かくして、「神の属性のなかに包容されているかぎりにおける」〈個物の存在〉は個物の「存在」ではなく「本質」――〈有限な個物〉の「現実的本質」（EIII7, Pr.）とは区別される本質――を指示していると解されるべきである。かくてまた、「個物」は持続すると言われるかぎりにおいて、「存在する」。実際、スピノザは「個物とは有限で定まった存在を有する事物のことと、私は知解する」（EII, Def. 7）と定義しているのである。

さてそこで、様態的個物がその「本質」から区別された意味で「存在」に移行するとき、当の個物の存在はそれ自身存在する他の諸々の個物を原因として、それによって規整される。そのように、〈様態的個物が存在する〉ということは、当の個物が無限に多くの外延的諸部分を現実的に有し、それらの外延的諸部分が当の個物の存在を具現すべく一定の〈構成関係（rapport）〉――その様態的個物に固有の運動と静止との複合関係――のもとに入るように外部から決定される、ということを意味する。そのとき、当の様態的個物は「持続する」。すなわち、それらの外延的諸部分が他の外的諸原因（すなわち、原因となる他の有限な諸々の様態的個物）によって別の〈構成関係〉のもとに入るように決定されないかぎりは、当の諸部分を現在の固有の〈構成関係〉のもとで維持し続けようとする。[16] そのかぎり、「持続は存在しつつあることの無際限な継続である」（EII, Def. 5）。なぜなら、「存在しつつあることの継続はけっして存在しつつある事物の本性自身によっては決定されることができないし、また同様にその作用原因によっても決定されることができないからである」、言い換えるならば、「作用原因は事物の存在を必然的に定立するが、これを除去することはできない」からである（EII, Def. 5, Exp.）。そうだとすれば、〈存在する〉諸「様態」は外在的に「属性」から区別され、かくて相互にも外在的に区別される、ということを認めねばならない[17]。しかしスピノザは、先に引用した〈EII8, Cor.〉において、〈存在する〉諸様態が神の属性のなかに包容されることを〈止める〉と言ったのではなく、神の属性のなかに包容されている「ばかりでなく」と述べていた。すなわち、繰返して引用すれば、「個物が神の属性のなかに包容されているかぎりにおいて存在するばかりでなく（non tantum）、さらにまた持続すると言われるかぎりにおいても存在すると言われるようになると、個物の観念もまた持続すると言われる存在を含むようになる」（傍点は引用者による）、と。そうだとすれば、様態的個物の「作用原因」の考察においては、「持続」とともにしかも「持続」を斥けて（言うなら、「持続」と無媒介的に区別されるようにして）、「自己原因に固有の「永遠性」が主題化されねばならぬ、ということが理解されることになる。言い換えるならば、「作用原因」の系列の〈無限性〉を〈厳密な意味で〉支持する、ということが主題化されねばならぬのである。〈原因の系列の無限性を厳密な意味で支持する〉ということは、当の系列の〈無際限性〉をいかなる仕方でも止揚せぬということ、逆説的に言うならば〈当の系列自体を語らぬ〉ということである。〈系列自体を語る〉ということは、〈無際限な〉系列を容認するということ、言うなら、様態的個物が、属性に固有の「永遠性」から引き離されるようにして、単に「持続」のみに帰属するということ、さらに言うなら、様態的個物が、属性の相のもとで〈産出されつつあるもの〉として考察されることを止めて――〈産出しつつあるもの〉としての実体＝属性から切り離されて――、もっぱら〈産出されたもの〉として捉えられるということ、[18] かくてそのような〈無際限の〉系列を容認するがゆえに、当の系列を止揚せざるをえない、ということ、を意味する。〈原因の無際限の系列を容認するがゆえに当の系列を止揚せざるをえない〉ということは、究極の「第一原因」に到達しえぬことを説明すべく、「作用原因」の系列を超越した原理としてのスコラ的な〈無原因〉やデカルト的な〈自己原因〉を立てる、ということを意味するのである。

スコラ的な〈無原因〉を立てるとは、原因の探求が「第一原因」に到達しえぬことによって当の探究を究極的に断念し、かくて「第一原因」を〈無原因〉と解するに到る、という事態である。すなわち、一方で、原因の探求がどこまでも続けられるということのもとに、〈結果〉が〈原因〉をもたぬかのように絶対化（言うなら実在化）され、他方で、そのような探求を断念するということのもとに、〈原因〉が〈結果〉と分断されるようにして絶対化（言うなら超越化）される。それは作用原因を絶対的に内在化しながら〈結果〉の実在性を語ることが、別の面からみるならば、形相原因を絶対的に超越化させながら、当の形相原因の自己展開として〈結果〉の一切の実在性を語り直すことに他ならぬ、ということを意味する。かくして、スコラ的無限の理解にあっては、或る種の性質を有限者たる被造物から借用してそれを〈多義的に（equivoquement）〉ないし〈卓越的に（eminemment）〉無限者たる神に帰属させる[19]ようにしながら、実は、神の卓越的な性質に準拠して被造物の性質を説明する、という事態がみられる。そして、そこにスコラに特有の〈類比（analogia）〉の概念が語られる。スコラ的な〈類比〉は神の性質と被造物の性質との混同を避けて神人同型同性説を斥けようとする意図をもつにもかかわらず、当の神人同型同性説に陥ってしまう（EI8, Sch. 2）。原因性の理解において、原因の秩序を結果の秩序に還元しようとすることが、却って結果の秩序を原因の秩序に還元することを意味することによって、原因と結果とを同じ秩序のものとしてしまうのである。このように、「第一原因」を〈無原因〉と解することに支えられたスコラ的無限の概念こそは、「自己原因」によって支えられるスピノザ的無限の概念によって斥けられるのである。

では、デカルト的〈自己原因〉を立てる、という場合はどうか。デカルトは「無限なるものの知覚は有限なるものの知覚よりも、言い換えるならば、神の知覚は私自身の知覚よりも、或る意味で先なるものとして私のうちにある[20]」ことを述べて、〈積極的意味での無限〉の知解を要請した。有限者（結果）の知覚に対して無限者（第一原因）の知覚が「或る意味で先なるもの」と言われ、〈端的に先なるもの〉と言われないのは、〈無限者の知覚は有限者の否定によって果されてはならぬ[21]〉ということを意味するためである。有限者の否定とは、有限者の終局ないし限界を追求することにおいて、それを見出しえぬがゆえに当の追求を断念することであった。有限者の否定を通じての無限者の知覚、言うなら、積極的意味での有限者の知覚を含まぬ無限者の知覚は、完全とは言われえぬのであって、まさにその意味で原因の系列を無限に遡ることは許されないのである[22]。しかし、〈積極的意味での有限者（結果）の知覚〉とはいかなる事態であるか。言うまでもなく、それは、〈産出されつつある結果〉と〈産出しつつある原因〉との同時的存立という、デカルト的意味での「作用原因」に依拠するものであった。そうだとすればしかし、まさしくその〈因・果の同時的存立〉のゆえに、原因の系列を無際限に遡ることが許されることになる。なぜなら、〈産出されつつある結果〉は常に既に〈産出しつつある原因〉を引きいれているのだからである。しかしまた、因・果は〈同時的に存立する〉がまさしくそれゆえ〈別個のもの〉であるがゆえに、「作用原因」の相のもとでの因・果の系列は、系列自体においては、〈真なる、言うなら積極的、無限〉を語るのではなく、単に〈積極的無際限〉をしか語らない。しかしさらにまた、その語られる〈無際限性〉が〈積極的〉なものであるがゆえに、そのような事態は常に既に〈積極的無限に触れているのである。[23]デカルトは次のように語る。すなわち、〈たとえて言えば、私が、数を数えてゆくことを通じてすべての数のうちの最大の数に到りつくことができないのを認め、かくて数を数えるという視点において私の力を超え出る何ものかがあると気づくということから、必然的に結論されるのは、無限の数が存在するということではけっしてなく、また無限数は矛盾概念であるということでもなく、私が「私によっていつか思惟されうるであろうよりもいっそう大なる数が思惟可能であると概念する力（vis）」を、私自身からでなく、「私よりもいっそう完全な或る存在者〔在りつつあるもの〕（ens）から、受け取った」ということなのである〉[24]、と。言い換えるならば、われわれは神に帰する完全性の観念を、われわれ自身のうちにある何らかの完全性を無際限に拡大することによって形成するのであるが[25]、しかし、われわれがそのように拡大する「力（vis）」、言うならいっそう大なるものを概念する力、を有するということは、われわれの起源がわれわれの有する完全性を無限なものとして含むような「存在者（在りつつあるもの）（Ens）」から得られている、というのでなければ不可能なことであるというのである。[26] かくして、無限者が真実支持され主題化されるためには、有限者を支持しつつ、これを超越するのでなければならない。有限者は自らとは次元を異にする無限者に常に既に触れているのでなければならない。無限者は有限者を通して追求されるかぎりにおいて無限者たりうるのであり、そのようにして、無限者は有限者と〈いわば同時的に存立する〉がゆえに、知覚において無限者は有限者に対して「或る意味で先なるもの」なのである。結果（有限者）の相のもとで〈原因の原因〉を遡る因果の系列を独り完結しうるものは、当の系列に対して「或る意味で先なるもの」としての、当の系列からいわば自由な、積極的意味での〈究極の第一原因〉である。真の意味での「第一原因」とは、もはや消極的に「原因なしに（sine causa）」ではなく、能うるかぎり積極的に「原因に由って（a causa）」在るかの如くに「自己に由因して（a se）」在るような原因である。[27] 在る結果の作用原因を探求するということは、もしそれが作用原因をもたぬとすれば何故それを必要としないのかの探求をも要請する、[28] ということを意味していたからである。真の意味での「形相原因」とは、「作用原因」に積極的に（言うなら肯定的に）依拠することによって、当の「作用原因」と区別して立てられる概念であって、そこにこそ「自己原因」は語られるというのである。言い換えるならば、自己原因は作用原因を否定することなく、かくてそれを支持しつつ、作用原因を超越して立てられるのであって、その意味で自己原因は作用原因に対して「或る意味で先なるもの」なのである[29]。かくして、デカルトは「神が自己自身の作用原因であることを否定した[30]」。言い換えるならば、デカルトは自らが構築する〈無限〉の論理を担うものとして、自己原因と作用原因との〈類比〉を語った。しかし、そのように原因性のうちに〈多義性〉を引きいれる〈類比〉を語るということは、或る種の〈否定〉を前提した。実際、デカルトの〈永遠真理被造説[31]〉は〈神は自らに先行するいかなる原理をも斥けるのであって、かくて神は自らが存在することの原因ないし理由そのものをも作出するようにして存在する〉ということを教えたが、そのような事態はと言えば、たとえば神は矛盾律をも偽とすることができるといった、われわれがそれを不可能と判断することなしには思い浮かべることのできぬような、〈明証的矛盾〉を介して理解しうるところであった。〈神は、私の概念するところに矛盾することを、為しうる〉というこ とをわれわれは〈敢えて否定しない〉が、しかし、そのようなことは〈われわれにとっては矛盾を意味する〉のである。かくて、デカルトは「有限である私によって包括的に把握

(comprehendere) されないということこそは無限なるものの根拠に属する[32]」と述べねばならなかった。たとえ〈包括的に把握しない〉ということは、単に無限全体の或る一部分のみを把握する、という意味ではなくて、「無限なるものの全体を、それが人間的概念によって表象されるべき仕方において、表象する」ことと解されるべきである[33]、と主張しても、言い換えるならば、〈三角形全体の概念をもつためには、それが三つの線で囲まれた図形であるということを知解することで十分である如く、無限なるものの真にして全体的な概念をもつということのためには、それがいかなる限界によっても囲まれていない事物であるということを知解することで十分である[34]〉と主張しても、そこには何らかの〈多義性〉ないし〈卓越性〉が引きいれられていることを認めねばならない。認識の絶えざる増大においていかなる制限も見出せないということのうちでこそ、現実的に無限なるものに常に既に触れているのだとしても、そのように無限へと到る無際限の系列を成す認識が提示する各々の肯定性は（当の系列が、たとえ積極的な無際限であるとはいえ、やはり無際限であることに変わりはないのであるから）、同じひとつの〈否定〉によって規定されているのであって、かくて現実的に無限なるものに到りつくことはけっしてないと言われねばならぬのである。かくして、スピノザは〈「作用原因」の系列の無限性を厳密な意味で支持する〉という主題のもとに、一切の否定性を排除する〈絶対的肯定性〉（EI8, Sch. 1）を語ることによって、デカルト的無限の概念をも斥けるのである。

かくしてまた、通常の意味での「持続」は、それが〈有限の否定〉のもとに〈消極的無際限〉と解されるにせよ、あるいは〈有限の肯定〉のもとに〈積極的無際限〉と解されるにせよ、「作用原因」を「自己原因」から分離するところに概念されたのであるが、それに対してスピノザは、〈厳密な意味で〉支持されるべき原因の〈無限の〉系列に「持続」を帰属させることによって、当の「持続」を〈厳密な意味で〉支持する。スピノザは「持続」を「存在しつつあることの無際限の継続」と定義した（EII, Def. 5）が、そのように無際限の継続が可能なのは、因果の系列を「無限に」辿ることが許されている（EI28, Pr.）からに他ならぬのである。そしてスピノザは、そのように「持続」を〈厳密な意味で〉支持することによって、「自己原因」に固有の「永遠性」を主題化する。すなわち、「神、言うなら神のすべての属性は永遠である」（EI19, Pr.）。神の、すなわち神の自己原因性を担う属性の、永遠性が、自己原因性に依拠して語られるのである。「自己原因」とは「その本質が存在を含むもの、言うなら、その本性が存在しつつあるとしか概念されえないもの」のことであった（EI, Def. 1）。したがって、本質と存在とが絶対的に一致していうような本質にとっての固有な本性として、〈自己自身によって必然的に存在する〉ということを導くことができる。そのことによって既に、「永遠性」が語られているのである（EII9, Dem.）。なぜなら、スピノザは「永遠性とは、存在が永遠なる事物の定義のみから必然的に生じ来ると概念されるかぎり、その存在そのもののことと、私は知解する」（EI, Def. 8）と述べているからである。このように、「永遠性」を自己原因性に依拠して語ることによって、「持続」から「永遠性」が根本的に区別されるとともに、「作用原因」のうちに「自己原因」が内在化されるのである。言い換えるならば、〈永遠なるもの〉は、〈持続するもの〉から〈無媒介的に区別される（つまり、持続を否定することによってではなく区別される）〉ことによって、永遠なのである。その意味で、〈永遠なるもの〉はあらゆる「真理」――「真理」は〈永遠〉であって〈持続〉しない、なぜなら、「神の存在はその本質と同様に永遠の真理である」（EI20, Cor. 1）からであり、また「神、言うなら神のすべての属性は不変である」（EI20, Cor. 2）からである――に具わる本性上の必然性が内部から課する絶対的肯定性であると言える。「自己の類において無限の」属性が、絶対的肯定をめざしながら、作用原因の無限の系列を〈厳密な意味で〉支持することによって〈持続〉を語り明かすのと同時に、「絶対的に無限の」神の〈永遠性〉を絶対的肯定のもとに語り明かすのである（cf. EI, Def. 6, Exp.）。このような事態は、既に引用した定理を繰返して言えば、「神の本性の必然性から無限に多くのものが無限に多くの仕方で（言い換えれば、無限の知性によって捉えることのできるすべてのものが）生じ来なければならない」（EI16, Pr.）、ということからの必然的帰結である。この定理は「神の本性が与えられれば、それから事物の本質ならびに存在が必然的に結論されなければならぬ」ということを語るものであって（EI25, Sch.）、かくて「神は事物の存在の作用原因であるのみならず、また事物の本質の作用原因でもある」（EI25, Pr.）、と言われねばならない。そうだとすればまた、「神が自己原因であると言われるその意味において、神はまたすべての事物の原因である」（EI25, Sch.）とも言われねばならぬことになる。かくして、「作用原因」は、神の属性のもとで、「自己原因」から区別されながらも、それと同時に、前者のうちに後者は内在化されるのである。

三　直接無限様態と間接無限様態

ところで、〈永遠なるもの〉が〈持続するもの〉と無媒介的に区別されると言われるとき、当の〈無媒介的区別〉そのものは、〈持続するもの〉の側からみるならば（言うなら、「作用原因」の相のもとでみるならば）、いかなる様相を呈するのであろうか。様態的変状は神のうちにのみ在り、かつ神によってのみ概念されるのであるとすれば、当の神と様態的変状との〈無媒介的区別〉そのもの（言うなら、「区別する」という働きそのもの）の相のもとでは〈産出しつつある〉神の属性と〈産出されつつある〉様態的変状とに共通な〈つつある〉の相のもとに眺められるのであるから）、様態的変状もまた或る意味で（たとえ〈産出され〉つつあるのではあっても、やはり産出され〈つつある〉ことに変わりはないのであるから）必然的に存在し（かくて永遠であり）かつ無限であると概念されるのではないか。実際、作用原因の系列の無限性を〈厳密な意味で〉支持するということは、当の無限の系列がいわば〈全体として一挙に〉産出されるということを含意するのである。なぜなら、「無限に多くのものが無限に多くの仕方で生じ来る」のであったから、すべての様態的変状は各々の固有性を有して存在するわけであって、かくてすべての様態的変状は相互に適合しあってひとつの全体を成しているからである。

そうだとすれば、様態的変状のこの「無限性」と「存在の必然性」（言うなら「永遠性」）とは、同じくそれらの固有性（すなわち、「無限性」と「永遠性」）を表現すると概念されるかぎりにおいての、言うなら、「絶対的に考察されるかぎりにおいての、神の或る属性によって結論ないし知覚されねばならぬ」、ということになる（EI23, Dem.）。かくして、「神の或る属性の絶対的本性から生じ来るすべてのものは、常にかつ無限に存在しなければならなかった（debuerunt）、言うなら、それは当の属性によって永遠かつ無限である」（EI21, Pr.）。まず、この定理の「証明」（EI21, Dem.）をみてみよう。「無限」を証明する前半を以下に要約する。〈神の或る属性の絶対的本性からして、その属性のなかに有限な或るものが生ずる（たとえば、思惟のなかに神の観念が生ずる）と仮定してみる。ところで、思惟は神の属性と仮定されているのだから、その本性上必然的に無限である（EII1, Pr.による）。しかるに、思惟は神の観念を有するかぎり有限と仮定されているのである。ところが、思惟が有限と考えられるのはそれが同じ本性の他のもの（言うなら思惟）によって限定される場合のみである（EI, Def. 2による）。それゆえ、当の限定する思惟は神の観念を構成するかぎりでの思惟ではないことになる。そして、神の観念を構成するかぎりにおいての思惟は有限と仮定されているのであるから、神の観念を構成しないかぎりにおいての思惟は無限であり、必然的に存在する、ということになる（EIII, Pr. による）。以上から、神の観念を構成する思惟と構成しない思惟とが考えられることになる。したがって、神の観念を構成しないかぎりにおいての思惟（言うなら神の属性である思惟）の絶対的本性から神の観念が生じ来ぬことは必然的である、ということになる。このことは仮定に反する。「それゆえ、もし神の観念が思惟のなかに、または或るものが神の或る属性のなかに（この証明は不変的なものであるから、何を例にとろうと同様である）その属性の絶対的本性の必然性から生ずるとしたら、それは必然的に無限でなければならぬ」、ということになる。〉次に、「永遠性」を証明する後半を以下に要約する。〈神の或る属性の本性の必然性から生じ来るものが神の或る属性のなかに在る（たとえば、思惟のなかに神の観念が在る）と仮定し、かつ当の神の観念が定まった存在ないし持続を有する（つまり、かつて存在しなかったあるいは将来存在しなくなるであろう）と仮定してみる。ところで、思惟は神の属性と仮定されているのだから、必然的にかつ不変的に存在しなければならない（EII1, Pr.および EI20, Cor. 2による）。ところが、神の観念は定まった存在ないし持続を有すると仮定されている。それゆえ、当の神の観念の持続の限界の外では、思惟は神の観念なしに存在しなければならなくなる。このことは仮定に反するのである。「なぜなら、思惟が与えられれば、それから必然的に神の観念が生じ来ると仮定されているのだからである。このゆえに、思惟のなかにおける神の観念、または、神の或る属性の絶対的本性から必然的に生じ来る或るものは、定まった持続を有することができず、却ってその属性によって永遠である」、ということになる。〉

ここに、持続に服して作用原因の系列を構成する〈有限な様態〉〈言うなら、その各々が他のものによって限定され条件づけられている様態〉の無限の集合は、神の属性の絶対的本性によって〈言うなら、その各々が他のものによって条件づけられぬ仕方で〉永遠性のうちに産出される唯一独自の事物、すなわちひとつの〈無限様態〉を構成する。(35) いわゆる〈直接無限様態〉である。属性が永遠かつ無限の様態を自らの絶対的本性によって産出すると主張することは、当の属性が自らの自己原因性を通して、〈有限な〉様態の系列全体を〈条件づけられぬ仕方で〉産出すると主張することに他ならぬのである。たしかに、個々の〈有限な〉様態は、それが神の属性のうちに包容されているかぎりにおいてではなく、それが持続するかぎりにおいて、言うなら、外在的に区別される一定の時間と場所に関係させせられるかぎりにおいて、措定されている。そのような事態は、様態の各々を、本質においても存在においてもそれらを在らしめている原因そのものから切り離して、抽象的に考察することから生じ来るものである。（その意味で、〈直接無限様態〉にかかわる〈EI21, Pr.〉のなかで、「存在しなければならなかった」と完了形で述べられているのは、哲学をしている、つまり『エチカ』を書いている、現に今は、〈産出されつつある〉相から切り離されて、〈産出された〉相のもとで捉えられた〈有限な〉様態の視点から眺められていることを示している。）しかし、神の属性のうちに包容されているかぎりにおいて眺められるなら、様態の本質とは〈力能の度〉[36]に他ならぬのである。既に述べた如く、「神の力能は神の本質そのもの」であった（EI34, Pr.）。そして、属性は神的実体の本質を成し、各々の様態は自らの本質のうちにその属性を含むのであった。言うなら、属性は〈産出しつつあるもの〉と〈産出されつつあるもの〉との双方に、〈つつある〉という同じ形相のもとに存在しているのであった。そのようにして、各々の様態の本質は、神的実体の力能の部分として、〈度〉において、言うなら強度的・内包的な量の相のもとに、当の力能を表現する。神的実体の力能が各々の様態の本質を通して説明されるかぎり、当の本質の各々はすべて神の力能の部分なのである。言い換えるならば、神的実体の本質が無限に多くの仕方で様態に分有されることによって、各々の様態の本質は神的実体の力能の部分として〈度〉において表現される（つまり、無限に多くの仕方で実在性の度として表現される）。かくて、〈直接無限様態〉としての各々の様態の本質そのものは〈その全体が一挙に〉表現されるのである。かくてまた、様態の個々の本質それ自身は部分をもたず、単純であって、持続のうちに在るのではなく永遠である。個々の本質の各々は、すべてが他と分離することのできぬ部分として他と互いに適合しあい、それらに共通な原因によってひとつの無限を成している。いずれの本質の産出にも他のすべての本質が内含されているからである。[37] このようにして、個々の様態の各々の本質は属性のうちに包容されているのである。属性なる表現を有する実体としての原因はあくまでも自己のうちに留まりつつ産出するがゆえに、様態的変状としての結果もまた原因のうちに留まるのである。

かくして、〈直接無限様態〉は各々の様態的個物の本質そのものが全体として一挙に表現されるところに成り立つのであって、その際、「個物」とはあくまでも神の或る属性から〈産出されつつある〉かぎりにおける「個物」であり、「本質」もそのように捉えられる個物の「本質」を意味している。スピノザにあっては、「個物」もその「本質」もその「存在」さえも（後述する如く）両義性をもっている。「個物（res singulares）」は、たしかに勝義にはその「定義」にみられるように、「有限で定まった存在を有する事物のこと」（EII, Def. 7）である。そのかぎりは、「個物」は持続に服する有限な様態的個物を指示している。しかし、スピノザは既に引用した如く、「個物（res singulares）が神の属性のなかに包容されているかぎりにおいてのみ存在するあいだは、個物の思念的な在ることすなわち個物の観念は神の無限の観念が存在するかぎりにおいてのみ存在する。そして、個物が神の属性のなかに包容されているかぎりにおいて存在するばかりでなく、さらにまた持続すると言われるかぎりにおいて存在すると言われるようになると、個物の観念もまた持続すると言われる存在を含むようになる」（EII8, Cor. 傍点は引用者による）と述べていた。さらには、これもまた既に引用したところであるが、右の「系」に先立つ「定理」において、「存在しない個物言うなら様態の観念は、個物言うなら様態の形相的本質（essentiae formales）が神の属性のなかに含まれているのと同じように、神の無限の観念のなかに包容されていなければならない」（EII8, Pr. 傍点は引用者による）とも述べられていた。したがって、〈直接無限様態〉は「個物」であり、さらに言うならば、当の個物の本質そのものである[38]。その〈本質そのもの〉も内容的には、各々の個物の各々の本質を言うのであるが（「形相的本質」が複数形になっていることに注意）、その〈各々の本質〉が「本質」であるがゆえに相互に適合しあっていて、〈全体として一挙に〉産出されるのである。〈全体として一挙に〉産出されるという性格を〈普遍性〉と呼ぶことも許されぬわけではないが[39]、しかし、スピノザにあっては〈普遍〉はあくまでも〈抽象的〉普遍について言われているのであって、〈具体的〉普遍が語られているのではない。スピノザによれば、「絶対的な能力」としての知性や意志――スピノザにあっては、「意志と知性とはひとつの同じものである」（EII49, Cor.）――は「われわれが特殊的なものから形成するのを常とする形而上学な存在者（entia Metaphysica）」、言うなら普遍物（universalia）に他ならず」、「まったくの虚想物（fictitia）」である（EII48, Sch.）。さらに言うなら、そのような能力は「普遍的な概念（notiones universales）であって、個別的なものから形成され、その個別的なものから区別されない」のである（EII48, Sch.）。要するに、「普遍物」は「抽象的に概念されて生まれるものであって、「観念上の存在者、かくて抽象的な存在者（entia rationis, & abstracta）」に他ならぬのである（EII49, Sch.）。「普遍的な概念」はあくまでも〈存在する〉、言うなら〈持続に服して実在する〉、有限な様態的個物との関係のもとで捉えられているのであって、「神の属性のなかに包容されているかぎりにおいての」、あるいは「神の無限の観念が存在するかぎりでの」様態的個物（個物あるいは個物の観念）にかかわるものではない。それは「観念」が実在的な対象との関係を離れてそれ自体として、言うなら「思惟様態すなわち知解することそれ自体」（EII43, Sch.）として、考察されずに、却って実在的対象との関係において、「眼底に（あるいは脳の中央に）形成される像」（EII48, Sch.）の如くに、言うなら「画板の上の無言の絵」（EII43, Sch.）の如くに、解されることから生まれるものである。観念をそのように「絵画に貶しめない」ために、どこまでも「思惟の概念」と解する（EII48, Sch.）ということは、観念を〈原因〉としての「他の観念」（EIII9, Dem.）との連結の相のもとに、かくて究極的には「神の観念」を表現するものとして、捉えるということを意味するものである（cf. EII7, Cor.）。〈直接無限様態〉としての「神の観念」は個々各々の観念の無限の連結を、あたかも作用原因の無限の系列を厳密な意味で支持するようにして、〈全体として一挙に〉生ぜしめるところに成り立つのであって、〈具体的な〉と呼ばれるべき「普遍概念」である。スピノザは〈直接無限様態〉の具体例として、思惟の属性のもとでは「絶対的に無限の知性」を、延長の属性のもとでは「運動と静止」を、提示している（Ep. 64）。一個の力能の度としての〈個々の知性〉の各々が他のすべてと適合しあって、思惟を共通の原因として一個の全体としての「無限の知性」を構成するのであり[40]、あるいはまた同じように、一個の力能の度（割合）としての、個々の物体に具わる〈要素的力〉の各々が、他のすべてと対立・制限することなく適合しあって、延長を共通の原因として一個の全体としての「運動と静止」を構成するのである。

ところで、このように〈直接無限様態〉として〈一個の全体〉とみられた〈個々の様態の各々の本質〉は、その産出のされ方に鑑みて無限性と永遠性によって特徴づけられるのではあるけれども、しかし、当の本質は存在を含まない（EI24, Pr.）。なぜなら、その本質が存在を含むようなものとは「自己原因」なのであって、そのようなものは単に自己の本性の必然性のみによって存在するのだからである（EI24, Dem.）。言い換えるならば、神から産出された事物の本質は実体の本質とは別個のものだということである。そうだとすれば、神は単に「事物が存在し始める原因」であるばかりでなく、「事物が存在することに固執する原因、言うなら（スコラ学派の用語を用いれば）事物の〈在ることの原因（causa essendi）〉」でもあるということになる。それというのも、「事物が存在していても存在していなくても、われわれはそれら事物の本質に注目する度毎に、当の本質が存在も持続も含まぬことを発見する。それゆえ、それら事物の本質は自己自身の存在の原因であることも、自己自身の持続の原因であることもできず、存在することが独りその本性に属する神のみがそれらの原因でありうるのだ」からである（EI24, Cor.）。ここに、「神は事物が存在することに固執する原因である」ということの意味が改めて問われることになる。

　スピノザによれば、「事物は二様の仕方でわれわれによって現実的なものとして（ut actuales）概念される」。すなわち、「われわれが事物を一定の時間と場所に関係して存在するとして概念するかぎりで現実的なものとして概念されるか、あるいは事物を神のなかに含まれ、かくて神の本性の必然性から帰結するとして概念するかぎりで現実的なものとして概念されるか」、そのどちらかである（EV29, Sch.）。ところで、この「二様の仕方」の区別は〈無媒介的な〉区別でなければならなかった。つまり、区別される両項の一が否定されることなく他が肯定されるのでなければならなかった。既に指摘した如く、〈EII8, Cor.〉のなかで、スピノザは「個物が神の属性のなかに包容されているかぎりにおいて存在するばかりでなく、さらにまた持続すると言われるかぎりにおいても存在すると言われるようになると、個物の観念もまた持続すると言われる存在を含むようになる」（傍点は引用者による）、と述べていた。様態的個物が神の属性のなかに包容されている「ばかりでなく」と言ったのであって、神の属性のなかに包容されることを〈止める〉と言ったのではなかった。したがって、様態的個物の「作用原因」の考察においては、「持続」とともにしかも「持続」を斥けて、「自己原因」に固有の「永遠性」が注目されねばならなかった。言い換えるならば、右の「二様の仕方」の区別にあっては、「仕方」の前者とともにしかも前者を斥けて、後者が主題化されねばならぬのであった。「作用原因」の系列の〈無限性〉を〈厳密な意味で〉支持するとは、そのような事態であった。それゆえスピノザは、〈EV29, Sch.〉において右に引用した部分に続けて、「この第二の仕方で真あるいは実在的〔つまり事物的、言うなら実体的〕として（ut verae, seu reales）概念される事物をわれわれは永遠の相のもとに概念し、かくてそれら事物の観念は、第二部定理四五で示したように、神の永遠かつ無限の本質を含むのである。その定理の備考をも見よ」、と述べるのである（EV29, Sch.〔　〕内は引用者による補足）。

そこで、「第二部定理四五および備考」を見てみよう。まず、「現実に存在している各々の物体ないし個物の観念はすべて、神の永遠にして無限なる本質を含んでいる」（EII45, Pr.）という「定理」を提示したあと、〈EII8, Cor.〉に依拠して、当の「個物の観念」が持続すると言われる存在を含むようになっても、それは神の無限の観念が存在するかぎりにおいてのみ存在するということを止めるわけではないがゆえに、「現実に存在している個物の観念は当の個物の本質ならびに存在を必然的に含んでいる」（EII45, Dem.）と述べて「証明」を始め、個物はそれ自身が様態となっている属性のもとで神が考察されるかぎりにおいて神を原因とするのであるから（EII6, Pr.により）、個物の観念もまた（EI, Ax. 4により）自己の属する属性の概念を必然的に含んでいなければならない、「すなわち（EI, Def. 6により）神の永遠で無限の本質を必然的に含んでいなければならない」（EII45, Dem.）と述べて「証明」を結んでいる。そこでは明らかに、個物と個物の観念が、先の「二様の仕方」のうち、一方では〈第一の仕方で〉現実的なものとして概念されつつも、他方では同時にそれを斥けるようにして、〈第二の仕方で〉概念されているのが理解される。各々の個物の観念はすべて連結されて、その系列の無限性が厳密な意味で支持されるようにして「神の無限の観念」が語られているのである。それゆえ、スピノザは次のような「備考」を書き加える。すなわち、「ここで存在ということで私が知解するのは、持続、すなわち抽象的に概念されるかぎりでの、かくていわば一種の量の姿をとって概念されるかぎりでの存在、ではない。なぜなら私は、存在の本性そのものについて、神の本性の永遠な必然性から無限に多くのものが無限に多くの仕方で生じ来る（第一部定理一六を見よ）がゆえに個物に付与される存在の本性そのものについて、語っているのだからである。つまり私は、神のなかに在るかぎりにおける個物の存在そのものについて、語っているのである。なぜなら、各々の個物は他の個物から一定の仕方で存在するように決定されているにもかかわらず、各々の個物が存在に固執する力（vis）はやはり神の本性の永遠な必然性から生じ来るからである。このことについては第一部定理二四系を見よ」（EII45, She.）、と。この「備考」が参照を指示する「第一部定理二四系」においては、神は単に「事物が存在し始める原因」であるばかりでなく、「事物が存在することに固執する原因」でもある、ということを述べていた。それゆえ、「各々の個物が存在に固執する力は神の本性の永遠な必然性から生じ来る」のである。それゆえまた、「各々の個物が存在に固執する力」とは、〈直接無限様態〉として述べられた、〈神の属性のなかに包容されているかぎりにおける個物の本質〉そのものの有する存在である、と解されうる。〈直接無限様態〉としての個物の本質は、その本質そのものに固有の存在をもつのである。この〈本質そのものに固有な存在〉は、言うまでもなく、〈持続に服する個物の有する存在〉とは厳に区別される。〈持続に服する個物の存在〉にあっては、「各々の個物は他の個物から一定の仕方で存在するように決定されている」。そのように〈個物が存在する〉ということは、既に述べたように、当の個物が無限に多くの外延的諸部分を現実的に有し、それらの外延的諸部分が当の個物の存在を具現すべく一定の〈構成関係〉のもとに入るように外部から決定される、ということを意味した。そのとき個物は「持続する」のであった。つまり、それらの外延的諸部分が他の外的諸原因（すなわち、原因となる他の諸々の個物）によって別の〈構成関係〉のもとに入るよう決定されないかぎりは、当の諸部分を現在の固有の〈構成関係〉のもとで維持し続けようとするのであった。かくして、「各々の事物が自己の在ること（esse）に固執しようと努める努力（conatus）はその事物の現実的本質（actualis essentia）に他ならない」（EIII7, Pr.）、ということになる。持続に服する個物の本質とは当の個物の存在を肯定し維持しようとする「努力」なのである。ところで、この「努力」は〈無際限に〉続くものである。なぜなら、「持続」とは「存在しつつあることの無際限な継続」であったからである（EII, Def. 5）。この「無際限な継続」が〈真実支持される〉（つまり、継続を究極的に断念したり、継続を超越的な相のもとに眺めたりしない）ためには、当の「継続」がいわば〈無限の継続〉に帰属されるのでなければならない。因果の系列を無際限に辿ることが可能であるのは、当の系列を無限に辿ることが許されているからに他ならなかった。そのように、持続とともに、しかも持続を斥けて、永遠性が主題化されるのであった。かくて、〈持続に服する個物〉の「現実的本質」を成す〈自己の存在に固執しようとする努力〉は、自らとともにしかも自らを斥けて、〈神の属性のなかに包容されているかぎりでの個物〉の〈本質（言うなら〈直接無限様態〉）そのものの存在〉である〈神のなかに在るかぎりにおける個物が存在に固執する力、言うなら努力〉を主題化する。それゆえスピノザは、「各々の個物は他の個物から一定の仕方で存在するように決定されているにもかかわらず、各々の個物が存在に固執する力はやはり神の本性の永遠な必然性から生じ来る」（EII45, Sch. 傍点は引用者による）、と語ったのである。

かくして、〈直接無限様態〉としての〈個物の本質〉は〈存在する〉。たとえ様態的個物が「持続すると言われるかぎりにおいて」存在していなくても、「神の属性のなかに包容されているかぎりにおいて」の様態的個物の本質は実在的かつ現実的であって、「それゆえ、われわれは存在していない様態的変状についても真なる観念をもつことができる。たとえそのような様態的変状が知性の外には現実的に存在していなくても、その本質は他のもののうちに含まれていて、当の他のものによって概念されうるようになっているからである」（EI8, Sch. 2）。かくて、〈直接無限様態〉としての本質は、神の属性のうちに包含されているものとして、必然的に存在するのである。かくてまた、〈直接無限様態〉としての本質が存在するということ、言うなら当の様態が存在することに固執するということ、これは〈存在へ移行しようとする傾向〉を意味するのではなく、〈存在を肯定し維持しようとする傾動あるいは努力〉に他ならない。ここに言う〈傾動〉とは、けっして可能性を示すものではなく、現実的なものだからである。言い換えるならば、神的力能の内包的部分としてすべてが互いに適合しあっている様態的個物の各々の本質は、〈直接無限様態〉としては〈全体として一挙に産出される〉のであるが、その各々の本質はそれが〈存在し始める〉（言うなら〈産出され始める〉）まさにそのときから、当の存在を肯定し維持しようとする「努力」となるのである。かくて、この「努力」、言うなら、〈直接無限様態〉としての本質そのものの有する存在のもとに、〈間接無限様態〉が理解されうることになる。それは、神の属性の絶対的本性によって既に産出された無限の様態を通して、同じその絶対的本性によって産出される無限の様態である。すなわち、「神の或る属性が、その属性によって必然的にかつ無限のものとして存在するような、そのような様態的変状に様態化するかぎり、その〔様態的変状に様態化した〕属性から生じ来るものは、何であれ、同様に必然的かつ無限のものとして存在しなければならない」（EI22, Pr.〔　〕内は引用者による補足）。スピノザはこの「定理」によって、〈直接無限様態〉としての本質が〈本質それ自身の存在をもつ〉、と言いたいのである。〈本質それ自身の存在をもつ〉と言っても、〈本質〉が〈存在〉へ〈移行する〉という意味ではなかった。実際、「第一部定理一六」から明らかに帰結するように、「神の本性が与えられると、それから事物の本質ならびに存在（tam rerum essentia, quam existentia）が必然的に結論されねばならぬ」のであったからである（EI25, Sch. 傍点は引用者による）。神の属性のなかに包容されるかぎりにおける様態的個物の本質と存在とは、いわば同時的に産出されるものとして、語られるのである。その「存在」の相のもとで（言うなら〈間接無限様態〉の相のもとで）様態的個物を考察するならば、一方で当の個物が〈持続に服して存在し始める〉際には、そのような事態とは個物の「現実的本質」に帰属する無限に多くの外延的諸部分が当の存在を具現すべく本質を特徴づける一定の〈構成関係〉のもとに入るように外部から決定されることを意味した。そのようにして外在的に区別される自己の存在のもとに、様態的個物の「現実的本質」は持続のうちで自己を肯定するのであった。この〈自己肯定の努力〉が、他方で、あの「存在」（言うなら、〈間接無限様態〉としての「存在」）を主題化した。なぜなら、様態的個物は、「持続する」と言われるかぎりにおいて存在すると言われるようになっても、「神の属性のなかに包容されているかぎりにおいて存在する」

ことを止めるわけではなかったからである。言い換えるならば、「持続」とともに、しかも「持続」を斥けて、〈間接無限様態〉は主題化される（つまり、〈直接無限様態〉としての〈本質〉は〈存在する〉）。さらに言い換えるならば、〈持続するかぎりにおける〉様態的個物の〈存在〉は作用原因の系列に服する相のもとに語られるのであるが、その系列の無限性が厳密な意味で支持されるかぎり、いわば〈当の系列は語られない〉ということによって、却って様態的個物の「現実的本質」が〈間接無限様態〉としての〈本質（つまり〈直接無限様態〉）それ自身の存在〉として語られることになるのである。したがって、持続に服して存在する様態的個物にあっては、自らと適合しあい互いの構成関係が合一をみるような他の存在する個物に出会う場合もあれば、適合せずにそれによって破壊されてしまうおそれのある他の存在する個物に出会う場合もある。そのような事態を様態的個物の「現実的本質」に即してみるならば、当の「本質」は唯ただ存在における自己維持の努力としてのみ規定される。かくして、様態的個物の〈持続的な存在〉に即してみるならば、一定の構成関係が他の構成関係とのあいだに合一をみたり分解を遂げたりしながら、新たな構成関係のもとに入りゆくのであるが、そのような事態の〈無際限な〉（言うなら持続の相のもとでの）系列を厳密な意味で〈無限の〉系列として捉え直すならば、〈構成関係それ自体〉、言うなら〈構成関係一般〉が主題化されることになる。そのような〈構成関係一般〉にあっては、個々の様態に固有の各々の構成関係がそれぞれ一個の強度的・内包的部分として互いに他のすべてと適合しあうようにして、ひとつの無限を成すことになる。そのようにして、個々の様態の各々の現実的本質とともに、しかもそれを斥けて、〈一般的にみられた現実的本質〉、言うなら〈現実的本質一般〉もまた、〈直接無限様態としての本質そのものの存在〉として神の属性のうちに含まれているのである。このように理解される〈間接無限様態〉の具体的内容を成すものとして、スピノザは「無限の仕方で変化しながらも常に同一に留まる全宇宙の姿（facies totius Universi）を語っている（Ep. 64）。それは延長なる属性に関して言えば、運動と静止とに基づくすべての構成関係の総体としての構成関係それ自体であり（EII13, Lem. 7, Sch.）、また思惟なる属性については、存在する様態的個物の観念としての個々の観念がそのもとに規整されるところの、観念上の構成関係としての構成関係それ自体ということになろう。[41]

〈直接無限様態〉と〈間接無限様態〉とについての以上の如き考察によって、神は様態の本質の原因であるばかりでなく、当の本質そのものの存在の原因である、ということが明らかにされ、以て、有限な本質の実体性というアリストテレス＝スコラ的な見解が斥けられるとともに、本質そのものがいわば〈原型〉として神から独立であるとするプラトン的見解も斥けられることになる。[42] かくして、「神は事物の存在の作用原因であるのみならず、また、事物の本質の作用原因でもある」（EI25, Pr.）ということになるのであるが、その際、「神は事物の本質の作用原因である」という事態のもとには、事物の本質は神からの産出の結果として、原因たる神とは根本的に区別されるにもせよ、当の結果は「属性」において産出され、「属性」を通して当の原因は働く、ということが理解されねばならない。それは二つの〈無限様態〉の概念が明らかにしたところであった。そのように、神は自己自身を知解するがままに、一切を産出する。言い換えるならば、「神が自己原因を言われるその意味において、神はまたすべての事物の原因であると言われねばならない」（EI25, Sch.）。これをまた、〈結果〉としての「すべての事物」に即して言い換えるならば、「特殊的な事物は神の属性の変状、言うなら神の属性を一定の仕方で表現する様態、に他ならない」（EI25, Cor.）。このこともまた、二つの〈無限様態〉の概念が明らかにしたところであった。一個の様態はまずはひとつの個的な本質であり、強度的・内包的な部分としてのひとつの力能の度であった。そして、その本質には、本質それ自身の存在として、各々の様態特有の一定の構成関係の総体としての構成関係それ自体が対応した。そのように、〈結果〉としての〈様態〉は、〈原因〉としての〈神〉の「属性を一定の仕方で表現する」がゆえに、結果は原因から区別されてそこには作用原因が認められるにもかかわらず、当の作用原因は自己原因と同じ意味に解されるのである。原因はあくまでも自己のうちに留まりつつ産出するがゆえに、結果もまた原因のうちに留まるのである。

四　共通概念と想像的認識

ところで、作用原因が自己原因と同じ意味に解されるという〈原因の一義性〉の考え方は、様態の〈持続的存在〉のもとにみられる（言うなら、〈有限な〉様態にかかわる）原因性ついても、貫かれる。様態の本質は、神の属性において〈産出されつつある〉相のもとで眺められるかぎり、言うなら〈直接無限様態〉として眺められるかぎり、様態一般に固有の構成関係（言うなら構成関係一般、さらに言うなら構成関係それ自体）を伴って表現される（すなわち、〈直接無限様態〉としての本質そのものが存在する）のであるが、この構成関係が無限に多くの外延的諸部分を現実的に包摂するかたちで改めて表現されるとき、様態は〈持続的存在〉として（言うなら、〈有限な〉様態として）語られることになる。〈様態が持続の相のもとで存在し始める〉ということ、言い換えるならば、〈有限な〉様態にとって〈存在する〉ということは、自ら自身も〈存在する〉外的な諸々の原因（すなわち、原因となる他の有限な諸様態）をもつことであり、そうして原因によって個々の様態に固有の一定の構成関係（たとえば、〈物体〉にあっては、当の物体特有の運動と静止との複合関係）のもとに入るように外部から決定される、無限に多くの外延的諸部分を現実的にもつことであり、そのようにしてどこまでも存在し続けようとすること（言い換えるならば、自らの外延的諸部分が他の外的諸原因によって現に今在るのとは別の構成関係のもとに入るように決定されないかぎりは、当の諸部分を維持し続けようとすること）であって、これと同じ事態が他の外的諸原因（つまり、他の有限な諸様態）の各々についても言われうるのである。かくして、「各々の事物が自己の在ることに固執しようと努める努力はその事物の現実的本質に他ならない」（EIII7, Pr.）のであり、また「各々の事物が自己の在ることに固執しようと努める努力は、有限な時間ではなく無際限な時間を含んでいる」（EIII8, Pr.）のである。ここに、自らの〈存在〉へと引きいれられた様態的事物の本性が、持続のうちで決定しあう無限の連鎖のもとに、考察されることになる。すなわち、様態の〈存在〉が、無際限の相のもとに、絶えず相互に作用しあう〈原因〉として概念されるということは、同時に、当の〈原因性〉が無限の連鎖の相のもとで、「様態が単に存在するかぎりにおいてのみならず、或る作用をするように決定されたとみられるかぎりにおいても」、理解されねばならぬ（EI29, Dem.）、ということを意味している。ここに、本来の意味での〈作用原因〉（無限の系列を成す原因の秩序）が主題化されるとともに、その〈作用原因〉が〈自己原因〉と同じ意味に解されるべきことが要求される。なぜなら、「神の本性の必然性から無限の知性によって捉えることのできるすべてのものが生じ来なければならぬ」（EI16, Pr.）のであって、かくて「神は自己の本性の必然性から〔神は自己自身を知解するがままに〕そうしたもの〔或る作用をするように決定された様態的事物〕の本質ならびに存在の作用原因だ」からである（EI26, Dem.〔 〕内は引用者による補足）。かくして、「或る作用をするように決定されている事物は神から必然的にそのように決定されたのである。そして、神から決定されていない事物は自己自身を作用するように決定することができない」（EI26, Pr.）。ここで、事物が或る作用をするように「決定されている（determinata）」と言われるとき、「或る積極的なこと」（EI26, Dem.）が理解されねばならない。すなわち、〈決定される〉とは単に「限定される（terminari）」という否定的な意味（EI, Def. 2）にのみ解されてはならない。否定的な意味に解されるなら、〈限定されるもの〉に対する〈限定するもの〉の無際限な系列が結果し、〈限定するもの〉がまさに〈限定する〉という働きそのものにおいて捉えられない（言うなら、〈限定するもの〉が究極的に〈無原因〉として捉えられる〉のである。〈限定するもの〉は〈限定する〉という働きを真に支持するようにして、言うなら、〈限定する〉という働きを在らしめている原因から切り離すことなく、捉えられねばならない。そのようにして、「限定される」は〈決定される〉に変わるのである。かくして、否定的な〈限定〉の相のもとに現われる作用原因の系列のいずれの項をとっても、そこにはそれぞれの原因が自己の結果をもつように〈決定する〉者として神が存在する、ということになる。作用原因のいわば水平的な系列のいずれの項をも自己原因として捉えること、そのようにして、あたかも遡行するような系列自体を語らぬかのように、系列の無限性を真の意味で支持すること、ここに、作用原因を自己原因と同じ意味に解するという、〈原因の一義性〉の具体的な姿が明らかになる。したがって、神から決定されていない事物が自己自身を決定しうるということもありえない。もし自己自身を決定しうるとすれば、その〈決定〉は否定的な〈限定〉をしか意味しない。その場合には、系列の無限性が真の意味で支持されず、かくてまた、〈限定〉が〈働き〉として支持されない（つまり、限定するとも限定しないとも言うことができる、かくて限定が偶然的なものになる）のである。しかしさらに、「神から或る作用をするように決定されている事物は自己自身を決定されていないようにすることができない」（EI27, Pr.）

とも言われねばならない。この「定理」はデカルトが理解したような、因果律の必然性に具わる根源的な偶然性を問題にしている。たしかに、「一定の原因が与えられるとそれから必然的に或る結果が生じ来る」(EI, Ax. 3) のであるが、デカルトによれば、そのような〈必然性〉はあくまでも〈われわれにとっての必然性〉である。われわれにとっては必然的な因果律も、当の因果律を立てること自体の必然性を含意しない。つまり、原因からは〈結果の生じ来ぬこともありうるものとして〉、結果の生じ来ることが〈必然的にみえる〉にすぎないのである。そのようにして、因果律をア・プリオリな原理として神に課することが禁ぜられる、とデカルトは言うのである。しかし、スピノザからみるならば、そのようなデカルトの見解は、自己原因を語りながらも自己原因と作用原因とを区別し、両者を〈類比〉によって関係づけているにすぎないものであった。デカルトは作用原因の系列の無限性を〈厳密な意味で〉支持していないのである。スピノザの解するような自己原因の概念のもとで初めて、神は自らに先立つ一切のア・プリオリな原理を斥けて、真の意味で「絶対的に第一の原因」(EII6, Cor. 3) と言われうる、というのである。

作用原因の系列の無限性を真に支持するということは、当の〈系列〉は〈持続〉に服するにもかかわらず、それと同時に〈持続〉とは無媒介的に区別されるものとして〈永遠〉を語るものであることを意味した。言い換えるならば、既に述べた如く、持続とともにしかも持続を斥けて、〈直接無限様態〉としての〈本質そのもの〉は存在する、言うなら〈間接無限様態〉としての〈本質そのものの存在〉が語られる、のであった。このことを〈有限な〉様態の〈存在〉に即して言うならば、当の様態が〈存在する〉ように決定されるということは、その〈存在〉を具現する無限に多くの外延的諸部分が当の様態の「現実的本質」を特徴づける〈構成関係〉のもとに入るように外部から決定されることなのであったが、そのような〈決定〉の系列は無際限であるがゆえに、系列の無限性の相のもとに間接無限様態としての存在（言うなら、あの〈本質そのものの存在〉）が主題化されるのであった。有限な様態の〈存在〉を具現する無限に多くの外延的諸部分は当の様態の「現実的本質」に帰属はしても、間接無限様態としてのあの〈存在〉を成しているわけではないのである。間接無限様態としての〈存在〉は、たとえ有限な様態が未だ〈存在〉していなくても、あるいはもはや〈存在〉しなくなったとしても、単に外延的諸部分を失うというにすぎず自らは何ものをも失わない。スピノザは語る、「いかなる個物も、それがより長い時間のあいだ存在に固執したからといって、それだけより完全だとは言われえない。実際、事物の持続はその本質からは決定されえないからで、それは事物の本質には何ら一定の存在時間が含まれていないのだからである。却って、各々の事物はより多く完全であってもより少なく完全であっても、それが存在し始めたのと同一の力を以て常に存在に固執することができるであろう」（EIV, Praef.）、と。したがって、〈存在に固執する努力（conatus）〉は、有限な様態の〈存在〉の相のもとでは、各々の様態に固有の（つまり個々の）構成関係として〈持続〉に服しつつ「現実的本質」を成すのであるが、直接無限様態としての〈本質〉の相のもとでは、「常に存在に固執する」構成関係一般（つまり様態一般に固有な構成関係）として、〈本質そのものの存在〉、言うなら間接無限様態を成すのである。別の言い方をすれば、コナトゥスは、一方では、無限様態の〈本質そのものの存在〉を成すのであるが、他方それと同時に、当の〈本質そのもの〉とは無媒介的に区別されるようにして、自らを〈持続〉のうちに定立する（つまり、有限様態の「現実定本質」を特徴づける〈構成関係〉のもとに入るように外部から決定される）のである。

では、何故このように、無限様態の〈本質そのもの〉は自らを〈持続〉のうちに定立するのか。何故、間接無限様態としての様態一般に固有の〈構成関係一般〉（言うなら〈構成関係それ自体〉）が、それとは無媒介的に区別されるようにして、各々の有限様態に固有の〈個々の構成関係〉を定立するのか。

すべての様態、言うなら個物は、「神の属性の変状」に他ならず（EI25, Cor.）、神の本質である「力能を一定の仕方で表現する」（EI36, Dem.）。したがって、すべての様態あるいは個物は〈神の力能を産出されつつあるもの〉として「神の力能」を分有する（cf. EIV4, Dem.）。しかるに、すべての様態あるいは個物は「神の本性の必然性」から「無限に多くのもの」として「無限に多くの仕方で」生じ来るものであった（EII6, Pr.）。したがって、すべての様態あるいは個物が分有する「神の力能」は〈無限に多くの度〉を成している。言い換えるならば、すべての様態あるいは個物が各々分有する「神の力能」はその各々が一個の強度的・内包的部分として互いに他のすべてと適合しあうようにして、ひとつの無限を成している。この〈神の力能の度〉の無限の全体が一挙に産出されるところに語られるのが〈直接無限様態〉に他ならなかった。この〈全体として一挙に産出される〉ひとつの無限が作用原因の相のもとで眺められるとき、当の原因の無限の系列が厳密な意味で支持されるところに〈間接無限様態〉が語られるのであった。すなわち、〈間接無限様態〉としての、各々の様態あるいは個物に固有な〈個々の構成関係〉とは無媒介的に区別される（つまり当の構成関係とともにしかもそれを斥けて語られる）〈構成関係一般〉、さらに言うなら〈存在に固執するコナトゥス〉それ自体に他ならなかった。しかし、〈神の力能の度〉は、一方では、無限の全体を成すひとつのものとして概念されるとともに、他方、各々の〈力能の度〉はそれぞれ固有のものとして互いに異なるものとしても概念される。後者のかぎり〈力能の度〉は、量的な部分では断じてないにせよ、強度的・内包的とでも言うべき部分である。この〈部分〉の相のもとにみられるかぎり、〈無限〉様態といえども〈様態〉なのであって、それは〈産出されつつあるもの〉(natura naturata) として根源的な受動性に服している。そのかぎり、様態あるいは個物は「現実的本質」の相のもとにみられるのであって、〈本質そのものの存在、言うなら間接無限様態〉の相のもとにみられるのではない。すべての様態あるいは個物を貫くこの〈根源的受動性〉を具体的に担うものこそは、〈永遠性〉とは無媒介的に区別される〈持続〉に他ならない。なぜなら、〈持続するかぎりにおける〉様態あるいは個物の〈存在〉は作用原因の無際限の系列に服する相のもとに語られるのであるが、当の系列の無限性が厳密に支持されるかぎり、いわば系列は語られないということによって間接無限様態としての〈本質そのものの存在〉が注目されるのであったからである。〈存在に固執するコナトゥス〉は、それ自体としては、つまり無限様態の〈本質〉の相のもとでは、必然的に適合・一致をみている各々の「神の力能」なのであるが、有限様態の〈存在〉の相のもとでは、それがもはや適合・一致をみなくなる、言うなら、自ら自身をいつ凌駕するかもしれない他の諸々の「力能」とのせめぎ合いとして規定されることになるのである。先に、様態あるいは個物の〈存在〉を具現する無限に多くの外延的諸部分が、当の様態あるいは個物の「現実的本質」に帰属はしても、〈本質そのものの存在（間接無限様態としての存在）〉を成しているのではない、と述べたのも、右のような〈存在に固執するコナトゥス〉の二様の在り方に対応しているのである。

ところで、この〈コナトゥスの二様の在り方〉（それは様態あるいは個物一般に固有なる〈構成関係一般、言うなら構成関係それ自体〉と、持続に服する〈個々の構成関係〉と言い換えてもよい）が、スピノザの「共通概念」についての二様の考え方を説明する。

スピノザは「共通概念」についてまず次のような「定理」を提示する。すなわち、「すべてのものに共通であり、そして等しく部分のなかにも全体のなかにも在るものは、けっして個物の本質を構成しない」（EII37, Pr.）。この定理において「すべてのものに共通」ということについては「第二部定理一三補助定理二」を参照するよう求めている如く、「共通概念」という呼び名は、それがすべての人々の精神に共通であるからではなく、むしろそれが物体相互に共通な何かを表わすところから来ている。すべての物体は延長という同一属性を含むという点で一致し、また、或るときは運動し或るときは静止しうるという点で一致するのである（EIII13, Lem. 2, Dem.）。その意味で「共通概念」はけっして〈抽象的な観念〉ではなく〈一般的な観念〉であって[43]、かくてそれはいかなる個物の本質をも構成しないのである。なぜなら、「等しく部分のなかにも全体のなかにも在るもの」は〈抽象的なもの〉ではないし、そのように抽象的なものでなくしてしかも「すべてのものに共通である」ものは〈一般的なもの〉であるとしか言わざるをえないからであり、また、そのような意味での〈一般的なもの〉なしにはいかなる個物も在ることも概念されることもできないが、逆にいかなる個物なしにもそのような〈一般的なもの〉は在ることも概念されることもできる（EII37, Dem., cf. EII, Def. 2）からである。スピノザによれば（EIII7, Pr.）、すべて存在する事物は各々〈一個の本質〉をもつ（言うなら、各々の事物に固有の〈構成関係〉、つまり持続に服するかぎりでの〈存在に固執するコナトゥス〉をもつ）のであって、この「現実的本質」としての〈構成関係〉を通して各々の事物は〈存在〉において互いに他の事物とひとつに組み合わさったり分解を遂げたりして、他のものに姿を変えてゆく。そうした変化の無際限な連鎖の系列を無限の系列として厳密な意味で支持するところに、「共通概念」は語られるのである。「共通概念」とは変化している複数の事物相互のあいだに成り立つ〈構成関係の複合〉の観念であって、言うなら、持続に服する〈個々の構成関係〉を〈構成関係それ自体〉として一般的に捉えることに他ならない。たとえば、〈延長なる属性〉が共通概念とされるのは、当の属性それ自身が本質を有するという意味においてでもなければ、延長において在る物体の各々がそれ自身本質を有するという意味においてでもない。そうではなく、〈延長なる属性〉（実体の自己表現活動のひとつ）は、神的実体の本質を構成する（つまり、実体が延長を産出しつつあること）とともにすべての様態の本質によって包含される（つまり、様態が自らにおいて延長を産出されつつあること）かぎりにおいて、当の神的実体と個々の様態とのあいだには何ら共通するものはない（つまり、一方は〈産出する〉もので他方は〈産出される〉ものであって、両者は秩序を異にするということ）にもかかわらず、〈同じ形相のもとに存在している〉（つまり、〈延長を産出しつつある〉と同時に〈延長を産出されつつある〉として、両者は〈つつある〉という同じ形相を有しているということ、そして、〈延長を産出しつつある〉と同時に〈延長を産出されつつある〉ことにおいて、個々の様態は各々独自の構成関係のもとにあるということ――なぜなら、無限に多くのものが無限に多くの仕方で産出されつつあるのであるから――）がゆえに、共通概念と言われるのである。言い換えるならば、延長は不可分割的なものであって、部分のなかにも全体のなかにも同様に在り、かくて物体の最小の変状のうちにも自然全体のうちにも同様に在るのである。このような意味での共通概念としての延長なる属性は、〈存在する〉物体各個の「現実的本質」とはけっして混同されることなく（つまり、当の「現実的本質」とともにしかもそれを斥けて）、〈直接無限様態としての本質そのものの存在〉の相のもとに眺められるのである。その意味で、共通概念は存在する様態的事物各個にのみかかわる。すなわち、〈存在する〉様態的事物の「現実的本質」（言うなら、〈事物が自己の存在に固執するコナトゥス〉）、物体にあっては延長と運動および静止とから成る各個の構成関係）が織りなす無際限の系列は、無限の系列として厳密な意味で支持されて、同時必然的に、言うなら〈持続〉とは無媒介的に区別される〈永遠〉の相のもとに、あの〈直接無限様態としての本質そのものの存在〉、言うなら〈当の本質が存在し始めると同時に当の存在に固執するコナトゥス〉、さらに言うなら〈間接無限様態〉、を主題化する。その意味で、〈間接無限様態〉の具体的内実は「共通概念」である、と言える。〈存在する〉様態的事物各個のあいだに成り立つ〈実在的構成関係〉（言うなら「現実的本質」）とともに、しかもそれを斥けて眺められる〈構成関係それ自体〉が「共通概念」を表わしているのである。

ここで、右に述べた〈共通概念は存在する様態的事物各個にのみかかわる〉という事態の意味するところをもう少し検討しておきたい。〈存在する〉様態的事物は〈持続〉の相のもとで各々自らに固有の〈構成関係〉の無際限の系列を生ぜしめるのであった。その〈無際限の系列〉は、必然的に〈無限の系列〉として厳密な意味で支持されて（なぜなら、無際限の系列が可能であるのは無限の系列が許されているのだからである）〈永遠〉の相のもとに、個々の構成関係相互の複合上の統一として〈構成関係一般、言うなら構成関係それ自体〉に注目させるのであった。その際、われわれは、〈持続〉から〈永遠〉への〈移行〉を語っているのではない。〈持続〉と〈永遠〉とは〈無媒介的に区別される〉と言いたいのである。〈持続〉とともにしかも〈持続〉を斥けて、〈永遠〉は語られるのである。冒頭でも紹介した如く、スピノザは精神の「能動」と「受動」とに関して、「精神の能動は独り妥当な観念のみから生じ、これに反して、受動は独り非妥当な観念のみに依存する」（EIII3, Pr.）と述べて、能動あるいは妥当な観念と受動あるいは非妥当な観念とのあいだの〈断絶〉を強調しているようにみえる。しかし、その〈断絶〉は受動から能動への〈移行〉を否定しただけであって、両者のあいだの〈無媒介的区別〉を否定したわけではない[44]。なお、「妥当」「非妥当」に関してスピノザは原因性の相のもとに次のように定義している。すなわち、「或る原因の結果が当の原因を通して明晰判明に知覚されうる場合、私はこの原因を妥当な原因と名づける。これに反して、或る原因の結果が独り当の原因のみを通しては知解されえない場合、私はその原因を非妥当な原因あるいは部分的原因と呼ぶ」（EIII, Def. 1）、と。そして、この「定義」に関連させて「能動」「受動」も以下のように定義されている。すなわち、「〈われわれが働きを為す（agere）〉と私が言うのは、われわれの内かまた外で、われわれがその妥当な原因となっているような或ることが起るとき、すなわち（前の定義により）、われわれの内かまたは外で、独りわれわれの本性のみによって明晰判明に知解されうるような或ることがわれわれの本性から生じ来るとき、である。ところが反対に、〈われわれが働きを受ける（pati）〉と私が言うのは、われわれがその部分的原因でしかないような或ることがわれわれの内で起るか、あるいはわれわれの本性から生じ来るとき、である」（EIII, Def. 2）、と。したがって、われわれの精神が〈持続〉の相のもとで因・果の無際限な系列を通して営む生は「受動」でありその認識は「非妥当な観念」であるのに対して、〈永遠〉の相のもとで因・果の無限の系列を真実支持するようにして（したがって、系列自体を語らぬようにして）営む生は「能動」であり、そのとき主題化される認識は「妥当な観念」であり、言うなら「共通概念」である。これらの〈受動的な生〉と〈能動的な生〉、言うなら日常的生と哲学的生のあいだには、〈移行〉の関係こそ存しないが

〈無媒介的区別〉の関係が内在している。日常的生とともにしかもそれを斥けて哲学的生は主題化される。その意味で、哲学的生は日常的生にのみかかわっている。言い換えるならば、いずれの生も人間精神にとって可能であり許されている。スピノザは先の「第三部定理三」の「証明」において次のように述べている。「精神の本質を構成する第一のものは、現実に存在している身体の観念に他ならない（第二部定理一一および一三により）。この観念は（第二部定理一五により）多くの他の観念から組織されていて、その或るものは（第二部定理三八系により）妥当であり、また或るものは非妥当である（第二部定理二九系により）。ゆえに、精神の本性から生じ来るいかなるものも、精神をその最近原因として精神によってそれは知解されねばならぬから、必然的に妥当な観念かあるいは非妥当な観念かから生じ来なければならない。ところが、精神は非妥当な観念を有するかぎりにおいて必然的に働きを受ける（この部の定理一により）。ゆえに、精神の能動は独り妥当な観念のみから生じ来る。また、精神は唯ただ非妥当な観念を有するゆえにのみ働きを受ける」（EIII3, Dem. 傍点は引用者による）、と。「妥当な観念」も「非妥当な観念」もともに人間精神に与えられているのである。両者のあいだには〈移行〉の関係はなくても〈断絶〉があるのではない。右の「証明」が参照を促している「第三部定理一」ではその点がもっと明確に語られている。すなわち、「われわれの精神は或る種の働きを為すが、また或る種の働きを受ける。すなわち、精神は妥当な観念を有するかぎりにおいて、必然的に或る種の働きを為し、また非妥当な観念を有するかぎりにおいて、必然的に働きを受ける」(EIIII, Pr.)、と。このように、「妥当な観念」も「非妥当な観念」もともに精神に与えられているのである以上、そして、「共通概念」が「すべてのものに共通であり、そして等しく部分のなかにも全体のなかにも在るもの」である以上、必然的に、「妥当な観念」を構成する「共通概念」は「非妥当な観念」の支配に服する〈存在する様態的事物各個〉にのみかかわっていて、それによって主題化される、と言われねばならぬのである。

「共通概念」は、そのように、存在する様態相互のあいだに成り立つ〈構成関係の複合〉を表わすもの、言うなら、持続に服して変化する〈個々の構成関係〉を〈構成関係それ自体〉として一般的に捉えたもの、であって、部分のうちにも全体のうちにも同様に存在している(言い換えるならば、共通概念の各々は自らが関係づけられる諸様態――部分――において複合される諸々の構成関係の源泉として神――全体――を表現する)かぎり、必然的に「妥当」である。すなわち、「すべてのものに共通であり、そして等しく部分のなかにも全体のなかにも在るものは、妥当にしか概念されることができない」（EII38, Pr.)。この「定理」をたとえば物体について検討しよう。スピノザは「物体」を定義して、「物体とは、神が延長した事物とみられるかぎりにおいて神の本質を或る一定の仕方で表現する様態のことと、私は知解する」（EII, Def. 1)、と述べている。そこで、「すべての物体に共通であり、そして等しく各物体の部分のなかにも全体のなかにも在るもの」（EII38, Dem.）の観念（つまり、〈延長を産出しつつあると同時に延長を産出されつつある〉ということが知性によって捉えられている、という事態）とは、われわれ人間においても神においても同様に存在する観念（つまり、神が神自身を知解するのと同じ仕方で人間が神を知解すること）である。ところで、「神の思惟する力能は神の現実的な働く力能に等しい。すなわち、神の無限の本性から形相的に生じ来るすべてのことは、神の観念から同一の秩序、同一の連結を以て神のうちに思念的に（objective）生じ来る」（EII7, Cor.）のであった。したがって、共通概念は、形相的にはわれわれの思惟する力能によって自ずから説明され（自己開展し）、また質料的には当の概念の作用原因としての神の観念を表現するような観念のことである。〈われわれの思惟する力能によって自ずから説明される〉のは、共通概念が神のうちに在るのと同様われわれのうちに在る以上、当の概念は神の絶対的な力能のもとにおかれている如くわれわれの固有の力能のもとにおかれているからである。〈神の観念を作用原因として表現する〉のは、われわれが共通概念を所有している如くに神もまたそれを所有している以上、当の概念は必然的に神の本質を包含しているからである。[45] 実際、既に考察したように、「われわれが事物を神のなかに含まれ、かくて神の本性の必然性から帰結するとして概念するかぎりで現実的なものとして概念される」(EV29, Sch.) かぎり、「現実に存在している各々の物体ないし個物の観念はすべて、神の永遠にして無限なる本質を必然的に含んでいる」(EII45, Pr.) のであった。したがって、「事物が部分として考察されようと全体として考察されようと、その観念は、それが全体の観念であれ部分の観念であれ、神の永遠で無限の本質を含んでいる。だから、神の永遠で無限の本質の認識を与えるようなものはすべてのものに共通なのであって、部分のなかにも全体のなかにも等しく在るのであり、よってこの認識は妥当であるであろう(erit)」(EII46, Dem.)。言い換えるならば、〈すべての物体に共通であり、そして等しく各物体の部分のなかにも全体のなかにも在るものの観念〉は、神が人間身体〈人間的物体〉の観念を有するかぎりにおいても、神が人間身体の変状の観念を有するかぎりにおいても、「必然的に神のなかで妥当であるであろう(erit)」(EII38, Dem.)。ここで「妥当であるであろう」と未来形で述べられて断定になっていないのは、そのような観念をわれわれわれは実際に〈直接所有する〉わけではないからである。後述するように、われわれが持続の相のもとで、受動の相のもとで、言うなら限られた自然的条件のもとで、唯ひとつ有する観念は、われわれの身体に起ること、つまり〈身体の変状〉、言うなら他の物〔身〕体がわれわれの身体のうえにもたらす結果、を表象する観念であって、これは必然的に非妥当でしかないのである。しかし、神が唯ただ人間精神の本性によってのみ（言うなら、神が全面的に人間精神の本性によって）説明されるかぎりにおいて或る観念を有するという場合には、神は当の観念を唯ただ人間精神のうちで産出するだけで自ら自身もまたそれを所有するのであって、かくて当の観念は神のうちにも人間精神のうちにもそっくりそのままの形で存するのである。それゆえ、精神は当の観念を必然的に妥当に知覚する。しかもこのことは、精神が自己自身を知覚するかぎりにおいても、自己の身体あるいは外部の物体を知覚するかぎりにおいても言われうる、ということは明らかなのである（EII38, Dem.）。

かくして、すべての物体は幾つかの点で一致するのであり、しかもそれらの共通する点はすべての人から妥当に知覚されねばならぬのであるかぎり、「すべての人間に共通の幾つかの観念、言うなら概念」が存する、と言われねばならない（EII38, Cor.）。すべての物体（身体をも含めて）

は、たとえ互いに対立して適合しない物体どうしでも（たとえば、毒と、それで中毒する身体の如く[46]）、何か或る共通のものをもっている。それが延長であり、運動と静止なのであった。しかるに、人間的認識の起源を尋ねるとき、問題になるのは人間身体（人間的物体）そのものではなくて、むしろ人間身体の変状（言うなら、人間身体のうちで起ること）であり、また人間精神そのものではなくて、むしろ人間精神のうちで起ること（言い換えるならば、人間身体の変状の観念）である、ということは明らかである。〈われわれが観念あるいは認識をもつ〉というのはそのような意味においてである。人間身体そのものの観念は、神がきわめて多くの「他の観念」――きわめて多くの他の事物の観念――を〈連結して〉もつかぎりにおいて、神のうちにあるのに対して、人間身体の変状の観念は、神がもつそのような「他の観念」から切り離されて、われわれの精神のみによって説明されるかぎりの神のうちに在るからである（EII19, Dem.）。そうだとすれば、われわれが限られた自然的条件のもとで有する唯ひとつの観念である〈人間身体の変状の観念〉は、人間身体とそれを取り巻く幾つかの外部の物（身）体とのあいだに生ずる、触発し触発されるという関係の結果としての観念――別の言い方をすれば、「外部の物〔身〕体が人間身体〔人間的物体〕を或る一定の仕方で決定するかぎりにおいて」生ずる観念（EII25, Dem.〔　〕内は引用者による補足）――ということになる。そうだとすればまた、〈人間身体の変状の観念〉は「外部の物体の妥当な認識を含んでいない」（EII25, Pr.）ということになるとともに、それは「単に人間精神に関連しているかぎり、明晰かつ判明ではなく、不分明なものである」（EII28, Pr.）ということにもなる――つまり、外部の物体の妥当な認識ならびに人間身体を組織する部分の妥当な認識は、神が「他の多くの観念」に変状したとみられるかぎりにおいて神のなかに在るのであって、神が人間精神に変状したとみられるかぎりにおいては神のなかにないからである（EII28, Dem.）――。このような事態は、「人間身体が外部の物体から触発されるいかなる様式の観念も、人間身体の本性と同時に外部の物体の本性を含まねばならぬ」（EIII6, Pr.）のであるが、その際、「われわれが外部の物体について有する観念は、外部の物体の本性よりもわれわれの身体の状態をより多く示す」（EIII6, Cor. 2）、ということを語るものである。それはすなわち、身体とそれを取り巻く外部の物体とのあいだに成り立つ〈触発し触発される〉という相互関係において、身体がそれを取り巻く外部の物体の中心になろうとする傾向を有する、ということを意味する。〈身体がそれを取り巻く外部の物体の中心になる〉ということは、別の言い方をすれば、われわれの身体と外部の物体とが相互に触発し触発される結果としての身体の変状の観念は外部の物体の本性を「含む（involvere）」のであって「説明する〔開展する〕（explicare）」のではない（EII18, Sch.〔　〕内は引用者による補足）、ということである。この「含む」という事態は、われわれがその観念を有する変状のうちで、人間身体と外部の物体とが〈混合している〉ということ、言い換えるならば、人間身体がいわば特権的物体として、人間身体を取り巻く他のすべての物体を代表しているということ、さらに言い換えるならば、人間身体を取り巻く〈他のすべての〉物体がむしろ〈他の幾つかの〉物体として示されるということ、を意味するのである。そのような意味で、われわれの身体の変状の観念は「われわれの身体の状態を示す（indicare）」が〈外部の物体の本性を説明〔開展〕しない〉のである（EII16, Cor. 2）。このような事態は、人間身体とそれを取り巻く外部の物体とを〈働き〉の相のもとに捉えない、ということと相即している。人間身体や外部の物体を〈働き〉として捉えるということは、〈物体の定義〉（EII, Def. 1）からも明らかな如く、当の人間身体や外部の物体を〈延長を産出されつつあるもの〉として（つまり、〈延長を産出しつつあるもの〉としての神なる実体の属性と切り離すことなく）捉えるということを意味した。したがって、人間身体がそれを取り巻く外部の物体の中心になるということは、当の身体や物体を、〈延長を産出しつつあるもの〉としての神の属性から切り離して、〈延長を産出されたヽヽヽ〉様態的個物として捉えようとすることに他ならない。そのとき、様態的個物としての身体や物体はその〈存在〉の相のもとにみられ、当の個物の各々に固有の〈構成関係〉（つまり、各々の〈存在〉に固執するコナトゥス）は持続に服するものとして当の個物の「現実的本質」を構成することになる。すなわち、有限な様態的個物（身体や物体）にとって、〈存在する〉とは、既に繰返し述べた如く、自ら自身も〈存在する〉外的な諸々の原因（言い換えるならば、原因となる他の有限な諸々の様態的個物）をもつことであり、そうした原因によって一定の〈構成関係〉のもとに入るように外部から決定される、無限に多くの外延的諸部分を現実的にもつことであり、そのようにしてどこまでも存在し続けようとすること（言い換えるならば、自らの外延的諸部分が他の外的諸原因によって現に今在るのとは別の構成関係のもとに入るように決定されないかぎりは、当の諸部分を維持し続けようとすること、要するに持続に服すること）であって、しかもこれと同じことが他の外的諸原因の各々についても言われうるのである。かくして、或る有限な様態的個物の〈存在〉は、他の有限な諸々の様態的個物とのあいだでの〈触発し〉かつ〈触発される〉関係の絶対的綜合から成っている（言うなら、然々の〈構成関係〉のもとでの現実的な外延的諸部分の帰属を表現している）のであるが、その絶対的綜合が、具体的には（つまり現実には）、人間身体がそれを取り巻く外部の物体の中心になろうとする傾向のもとで、表現されるのである。

この〈人間身体がそれを取り巻く外部の物体の中心になろうとする傾向〉は、人間が目的論的思考と常に深くかかわっている〈現実〉と切り離すことができない。スピノザは、「一般に人々はすべての自然物が自分たちと同じく目的のために働いていると想定し、のみならず、人々は神自身がすべてを或る一定の目的に従って導いていると確信している」という事態を、人間の〈根源的偏見〉として指摘した（EI, App.）。一切の〈目的性〉の概念を拒斥するスピノザの見解は、実は、〈作用原因を自己原因と同じ意味に解する〉という主張と相即している。スピノザによると、われわれのうちに〈目的性〉なる概念が生じ来る所以は、われわれはすべて「生まれつき事物の原因を知らない」こと、およびわれわれはすべて「自己の利益を求めようとする衝動を有し、かつこれを意識している」こと、にあると言う（EI, App.）。まず、「事物の原因を知らない」という事態は二重の意味を有する。第一は、当の原因を尋ねるに際して、究極の原因に未だ到達していないということ、第二は、当の原因を尋ねても、究極の原因に到達しえぬということ、である。第一の場合は、原因の探求をどこまでも続けるということ、第二の場合は、当の探求を究極的に断念するということ、を意味するのであって、われわれはこれら二つの意味を一体のものとして、「原因を知らない」、言うなら〈原因を尋ねてみようともしない〉、と語るのである。そこで、この「原因を知らない」という事態を〈原因を尋ねる〉相のもとで眺めるならば、一方で（第一の場合）、結果が、原因をもたぬかのように絶対化（言うなら実在化）され、他方では（第二の場合）、原因が、結果と分断されるかのようにして絶対化（言うなら超越化）されているのが認められる。このような事態にあっては、既に述べた如く、作用原因を絶対的に内在化して、かくて原因の秩序を結果の秩序に還元して、結果の本来は〈観念的な〉（なぜなら、その原因が未だ見出されていないのであるから）実在性を〈現実的な〉ものとして語るということが、別の面からみるならば、結果の秩序を原因の秩序に還元するようにして絶対的に超越化された形相原因を措定し、当の形相原因の自己展開として結果に具わる一切の実在性を語り直すことに他ならぬ、ということを意味するのである。したがって、そのような形相原因とは否定的に立てられたものである。それは、原因の（事実上は結果の）探求をどこまでも続けるという側面を、当の探求を断念するという側面から語り直すような事態なのである。そして、ここに〈目的性〉なる概念は生まれる。一般に〈目的〉なるものは現在のわれわれの行動を導く、未来の牽引力として作用する。そこにおいては、いわば〈終りが始めを規定する〉かにみえる。しかし、そのような意味での目的性とは、実は、いわば〈始めが終りを規定する〉ように働く作用原因に依拠している。行動における目的設定とは、既に為された行動から、言い換えるならばそのような行動において洞察された原因性に依拠して、予料された未来に他ならぬからである。しかしそれでも、目的原因性は作用原因性そのものとは区別される。それは、〈始めが終りを規定する〉という先行者から後続者へと向かう作用を、それとは逆の方向から、言うなら当の作用の先端で後向きになって、眺めるような事態だからである。目的性とは、作用原因性における、過去から現在へと流れる時間の先端を捉えてさらに引きのばすという事態であることに変わりはないにせよ、そのような原因性を眺めるために作用の先端に刻々に設けられる視点の如きものであるという点では、作用原因性そのものとは区別されるのである。かくして、むしろ否定的に立てられた形相原因が目的性という側面から、積極的なものとして捉えられることになる。そのとき、先行者から後続者へと向かうかにみえた作用は、却って、あたかも後続者からの自己展開であるかのようにみえるであろう。言い換えるならば、「人間は万事を目的のために、すなわち自らの欲求する利益のために、為し」、その結果として「常にでき上ったものごとの目的原因を知ろうと努める」(EI, App.)、という事態になるであろう。かくして、「生まれつき事物の原因を知らない」という事態は、目的原因性の相のもとに、「自己の利益を求めようとする衝動を有し、かつこれを意識している」という事態として展開されるのである。

しかし、否定的な概念としての形相原因が積極的なものとして捉え直されることによって目的性の概念が生まれるのであるにせよ、何故〈積極的なものとして捉え直される〉のか。それは、すべての人間にとって「生まれつき事物の原因を知らない」ということが、「自分を自由であると思う」ということと相即しているからである（EI, App.）。一般に、或る結果に対してひとたび原因が措定されるや、当の原因は結果を必然的ならしめる（いわば〈始めが終りを規定する〉）であろうが、そのような必然性は当の原因を〈措定すること〉自体の必然性を意味するとはかぎらない。このような事態が「原因を知らない」ということを「自分を自由であると思う」ということに結びつける。自らの衝動ないし欲求を意識しているがそれへと駆る原因は知らないという事態のもとに、当の衝動ないし欲求を自発性の作用とみなすのである。しかし、衝動ないし欲求の自発性とは、それの原因の探求におけるその都度の限界を画する概念（当の探求をどこまでも続けうるということ）に他ならず、そのかぎり自発性のもとには所与性が理解されるべきである。

かくして、〈自由〉が本来消極的に立てられた形相原因を積極的なものに転換し、以て目的性を支えるのであるにしても、当の〈自由〉自体が所与性を免れえぬ、消極的な概念にすぎないのであって、かくて〈目的性〉とは根源的に否定的な概念と言わざるをえない。このような事態は、真の意味で〈自由〉であるもの、積極的な意味で〈自己に由因して在る〉もの、言うなら〈自己原因〉、を主題化することの断念を意味している。それは、〈自己原因〉を矛盾概念とみなして、むしろ消極的に〈無原因〉としての形相原因のうちに安らおうとする、スコラ的な見解であった。この見解は、形相原因の絶対的な超越化のもとに作用原因の絶対的内在化を語ることによって、被造物あるいは様態的事物の実在性を真の意味で主題化しない。なぜなら、形相原因に依拠して語られる事物の偶然性は、作用原因の秩序のもとにあっては、排除されるべき（いかなる実在性ももたない、唯ただ秩序に矛盾するというだけの）偶然性とみなされるからである。われわれは「自然が何ら無駄なこと（すなわち人間にとって無用なこと）を為さぬということを示そうと努めながら、自然と神々とが人間と同様に狂っているということを示したにすぎぬように思われる」。われわれは「自然におけるかくも多くの有用物のなかにまじって、少なからぬ有害物を、すなわち暴風雨、地震、病気などを、発見しなければならなかった」のであるが、それらを「不可知のことがら」に数えいれ、そのような「生まれながらの無知の状態」を維持すべく、人間には測り知れない神々の意図を想定するに到ったのである（EI. App.）。かくして、自然の一切の事象が、偶然的な事象をも含めて、目的性なる概念のもとに説明されることになる。このような事態は積極的意味での〈自己原因〉を立ててこれを考察しようとせぬことからの必然的帰結に他ならぬのである。

ところで、自己原因を〈積極的意味で立てる〉に際しては注意すべき重要な点があった。それは、作用原因の系列において原因の探求が無際限に遡行しうる、という事実に基づいて権利上、言うならア・ポステリオリに、自己原因を立ててはならぬということである。既にみたように、デカルトは自己原因を立てるに際してそのように考えた。デカルトによれば、作用原因の系列を無際限に遡行しうるということから帰結する事態は、系列上に究極の第一原因が存在するということではなく、無際限に遡行しうるということ自体がそれを可能にする別の次元の力に依存しているということである。〈無際限〉は積極的な意味に解されるなら、常に〈無限〉と重なりあっているのであり、それと同様に、作用原因の系列においても、探求される原因の無際限の系列は、常に、当の系列とは次元を異にする〈別個の〉原因に触れているのである。しかし、そのように真なる〈無限〉において捉えられる自己原因が、〈無際限〉の相のもとに考察される作用原因とは次元を異にするものとして立てられるということは、作用原因の系列の〈無際限性〉は支持されていても、その〈無限性〉は支持されていないということを示すものである。つまり、作用原因の系列を無際限に遡行すること自体に矛盾が存するというのではないが、しかし、そのような遡行は〈われわれにとっては矛盾とみえる〉のである。そのとき、行使されるべき矛盾律を無化するようにして、積極的意味での自己原因が立てられるならば（なぜなら、矛盾律を行使することによって立てられる〈自己原因〉とは却って〈無原因〉と言われるべきであったから）、作用原因の秩序に具わる必然性は、矛盾律の無化ゆえに、偶然性によって裏打ちされることになろう。ここに、作用原因の秩序は〈内的目的性〉とでも言うべき概念を引きいれることになる。根源的な偶然性に貫かれながらも必然的世界を開示するという事態にあっては、何らかの目的性が理解されねばならぬのである。このような事態は、既に明らかな如く、自己原因と作用原因とを別個のものとして概念することによって、自己原因を真に積極的な意味で捉えないこと、ひいては作用原因の系列の無限性を厳密な意味で支持しないこと、に由因するのである。

　ところで、スコラ的見解の如く、作用原因の系列を無際限に遡行することに矛盾をみるにせよ、あるいはデカルト的見解の如く、そこに単に〈われわれにとっての矛盾〉のみをみるにせよ、系列の無限性を真に支持しないということは、各々の事物をその「普遍的観念（idea universalis）」（EIV, Praef.）によって理解しようとする態度と相即している。「普遍的観念」は、対象がその触発に応えるわれわれ自身の変状能力を超えているために、われわれが当の対象から触発されるかぎりにおいて生ずる一致点のみを判然と表示するようにして生まれる（EII40, Sch. 1）。そのような観念は対象の客観的本質を「包含」しているが「説明」しているわけではなく、それと同様に、われわれ自身の変状能力（認識能力）を「包含」しているが「説明」してはいない[47]（cf. EIII8, Sch.）。そのような観念は偶然の産物として現われるにすぎないのであって、対象として存在する様態的事物がいかにして実体から生じかつ関係しあっているかということを捨象して、当の事物に適用されるのである。かくして、われわれの認識にあっては、われわれは自ら自身の変状能力を中心として固定する、言い換えるならば、あらゆる事物について普遍的観念を形成してそれを事物の「範型（exemplar）」とみなす（EIV, Praef.）。そのように、われわれは生起する一切が自らのために生起すると思いこんでからは、すべての事物について、自らにとってもっとも有用な点を重要と判断し、自らをもっとも快く刺激するものをもっとも価値あるものと評価しなければならなくなり、かくて、われわれは事物の本性を説明するために、善、悪、秩序、混乱、暖、寒、美、醜の如き概念を形成しなければならなくなったのである（EI, App.）。かくて、これらの概念は「想像の様式」を示しているにすぎないのであって、何ら事物の本性を表示するものではない。それは、われわれ「各人が事物を脳髄の状態に従って判断し、あるいはむしろ想像の受けた変状を事物そのものとみなした」ことを示す事態に他ならない（EI, App.）。しかも、事物の完全性なるものは単に事物の本性と力能とによって評価されるべきなのであって、事物が人間の本性に適合したり反発したりするからといって、そのゆえに事物の完全性の度が増減したりはしないのである。言い換えるならば、神は最高の完全性からその最低段階に到るまでの一切のものを産出するべく、何ひとつ素材を欠くことがなかったのである。さらに言い換えるならば、神の本性の必然性から無限に多くのものが無限に多くの仕方で生じ来るのであって、神の本性の諸法則は或る無限の知性によって概念されうるすべてのものを産出するに足るほどに包括的なものであったのである（EI, App.）。自然はけっして目的のために働くのではない。われわれが「神あるいは自然」と呼ぶあの永遠にして無限なる存在者は、自らが存在するのと同じ必然性を以て働くのである（EIV, Praef.）。それゆえ、人間的本性（人間的自然）を中心に据えて一切の自然を秩序づけようとする目的論的試みは、個々の事物の本性を混同し、作用原因の系列の無限性を真に支持しようとせぬ錯誤である。神は神の本質を構成する同じ属性によって、そして同じ属性のうちに産出するのであり、かくて、神は自己原因であるのと同じ意味においてあらゆる事物の作用原因なのである。

さてそこで、人間身体がそれを取り巻く外部の物体の中心になろうとする目的論的傾向をもつという問題に戻ろう。この〈人間身体がそれを取り巻く外部の物体の中心になる〉という事態〈言い換えるならば、身体や物体を〈延長を産出されつつある〉相のもとに〈働き〉として捉えないということ、さらに言い換えるならば、身体や物体の各々に固有の〈構成関係〉を〈構成関係一般〉ないし〈構成関係それ自体〉として捉えることなく、〈持続〉に服するものとして捉えるということ〉を「観念」の相のもとにみるならば、言うなら、単に「人間精神」に関連しているかぎりにおいてみるならば、「人間身体の変状の観念」は「妥当な認識」を成さず、「明晰かつ判明ではなく、不分明なものである」ということになる。これがスピノザの言う「第一種の認識」である。すなわち、人間精神は身体が外部の物体から触発されるかぎりにおいて当の外部の物体を概念するのであるから、「人間精神は、身体が当の外部の物体の存在あるいは現前を排除するような触発を受けるまでは、当の物体を現実的に存在するものとして、あるいは自己に現前するものとして観想するであろう」（EII17, Pr.）。なぜなら、人間精神がそのように外部の物体の本性を含む様態の観念を有する（つまり、身体が外部の物体から触発された結果として生ずる変状を人間精神が観想する）ということは、人間精神が当の外部の物体の本性の存在あるいは現前を排除せずに却ってこれを定立するような観念を有する、ということに他ならぬからである（EII17, Dem.）。そうだとすればまた、「人間身体をかつて触発した外部の物体がもはや存在しなくても、あるいはそれが現前しなくても、精神はそれをあたかも現前するかのように観想しうるであろう」（EII17, Cor.）。「外部の物体から決定されて」生じた身体の変状がひとたび体内的な生理的運動に移される（EIII3, Postul. 5）や、当の運動は原因たる外的物体に関係なく残存して「自発的な運動」に変わるのであるが、この自発的な運動は以前に外部の物体が生ぜしめたのと同じ身体の変状を生ぜしめるのである（EII17, Cor., Dem.）。このように、外部の物体がわれわれの身体の上に生ぜしめる〈結果〉は、われわれの身体や外部の物体の本質との関係のもとに捉えられるのではなく、絶えず変動する身体組織のそのときどきの状態と、われわれがその本性を知らぬ事物の単なる現前とに応じて捉えられる。[48] 当の〈結果〉は、外部の物体の本性を示すのではなくて、われわれ自身の身体の状態を示すのであり、そしてそれと同時に外部の物体の単なる現前を示すにすぎないのである。

なお、われわれはこのように、人間身体の変状の観念によって外部の物体をわれわれに現前するものとして「表象する（repraesentare）」のであるが、当の人間身体の変状の観念は事物の形姿を再現しているわけではないけれども、われわれはこれを事物の「像（imago）」と呼び、そして精神がそのような仕方で物体を観想するときに、われわれは精神が事物を「想像する（imaginari）」と呼ぶ（EII17, Sch.）。したがって、精神は事物を「想像する」からといって、直ちに誤謬を犯しているというわけではない。むしろ、想像はそれ自体においてみれば何の誤謬をも含んでいない（EII17, Sch.）。実際、スピノザは「観念のなかには、そのために観念が虚偽と言われるような積極的なものは、何もない」（EII33, Pr.）と主張する。すなわち、「すべての観念は神に関係するかぎり真である」（EII32, Pr.）。なぜなら、神の無限の本性から形相的に生じ来るすべてのことは、神の観念から同一の秩序、同一の連結を以て神のうちに思念的に生じ来るのである（EII7, Cor.）とすれば、事物（言うなら観念の対象）の秩序および連結は観念の秩序および連結と同一でなければならぬであろうし、かくて精神にとって、事物それ自体の因果的連鎖を自体的に在る通りに認識するためには、神の観念から発して事物の観念を、当の事物の観念を相互に結びつけている理性的必然性（言うなら、観念の因果的連関）に従って、結びつけさえすれば、十分であろうからである[49]。言い換えるならば、神は「他の観念」すなわち或る観念の〈原因〉に変状するとみられるかぎりにおいて当の或る観念を所有するのであるから、「神のなかに在るすべての観念は当の観念の対象（ideatum）とまったく一致する」（EII32, Dem.）のである。そして、そのように観念が観念の対象と一致するとき、当の観念は「真なる観念」と呼ばれるのである（EI, Ax. 6）。「真なる観念」とは形相的にはわれわれの知解する力能によって自ずから説明される（言うなら自己開展する）と同時に、質料的には当の観念自身の原因を表現するのであって、そのかぎりにおいて、すべての観念は神の観念を出発点として互いに連結しあう。そして、そのように自らの原因を表現するかぎりにおいて、「真なる観念」は一個の「妥当な観念」となるのである[50]。

そうだとすれば、「真なる観念」に関する右のような所説に加えて、「すべて在るものは神のうちに在り、かくて神なしには何ものも在りえず、また概念されえない」（EII5, Pr.）という定理を想い起すならば、誤謬または虚偽の形相を構成する積極的な思惟の様態といったものは、神のなかに在ることもできなければ、また神の外に在りもしくは概念されることもできない、ということは明らかである（EII33, Dem.）。そうだとすればまた、虚偽あるいは誤謬とは何に存するのか、いかなる意味で語られるのか。まず言えることは、虚偽は認識の「絶対的な欠如（privatio）」のうちには存しえぬということである（EII35, Dem.）。なぜなら、「誤る（errare）」とか「欺かれる（falli）」とか言われるのは精神であって身体ではない〈つまり、身体は〈延長する〉のみで〈思惟する〉ことはないから、認識を絶対的な意味で欠いている）からである。しかし、そうであるからといって、虚偽は「絶対的な無知」のうちにも存しない。なぜなら、或ることを「知らない」ということと「誤る」ということとは別個の事態だからである（EII35, Dem.）。そうだとすれば、「虚偽は非妥当な、言うなら毀損的で不分明な、観念が含む認識の欠如のうちに存する」（EII35, Pr.）、と言われねばならぬことになる。「非妥当な観念」は形相的にも質料的にも自らの固有の原因の認識の欠如を含む観念であり、かくて、「いわば前提のない結論のようなもの」（EII28, Dem.）であった。それは形相的には、われわれの認識し知解する力能によって自ずから説明される（自己開展する）ものではないし（言うなら、思惟属性における観念間の自律的な連鎖を欠いている）、また質料的には、自らの原因としての「他の観念」、さらにはそのような原因の決定因としての「神の観念」を表現していない。そのようにして、「非妥当な観念」は唯ひたすら「事物との偶然的出会い」(EII29, Sch.)の秩序に従っているために、形相的にも質料的にも前提を欠き、かくて自らに固有の原因の認識を欠いているのである。そのような「認識の欠如」という事態が「虚偽」と言われるのであって、その意味で虚偽には形相がない、つまり虚偽をそれ自体として形成するような積極的なものは何もないのである。たとえば、人間が自らを自由であると思うのは誤りなのであるが、その誤りは自らを自由であると思うこと自体のうちにあるのではなくて、何ゆえ自由であるのかその原因を知らぬことのうちにある。言い換えるならば、人間がもつ「自由の観念」なるものは人間が自らの行動の原因を知らぬということに起因するのであるが、当の観念の虚偽性は、自らの行動を意識すること自体に存するのではなく、当の行動へと決定する原因を知らぬという、当の観念が含む認識の欠如のうちに存するのである(EII35, Sch.)。さらにたとえれば(EII35, Sch.; EIV1, Sch.)、われわれは太陽を見るとき、それがわれわれから約二〇〇フィート離れていると想像するのであるが、この誤りは、「独りそうした想像のみのうちに」存するのではなくて、われわれは太陽をそのように想像するけれども、「太陽の真の距離ならびにそうした想像の原因を知らぬ」ということに存するのである。誤謬は「独り想像のみのうちに」存するのではないというのは、もしわれわれが太陽の真の距離を認識したとしても、それでもやはり太陽を近くに在るものとして想像するからである。われわれがそのように太陽を近くに在るものとして想像するのは、したがって、われわれが太陽の真の距離を知らぬからではなくて、「精神は身体が太陽から触発されるかぎりにおいて太陽の大きさを概念する」からなのである。そうだとすれば、誤謬の問題は次のようになる。すなわち、われわれは太陽を近くに在るものとして想像するとき、太陽の真の距離を知らないあいだはわれわれは当の想像において誤っている。しかし、われわれがその距離を知ったとしても、「たしかに誤謬は除去されるが、想像は——すなわち、身体が太陽から触発されるかぎりにおいてのみ太陽の本性を説明するような太陽の観念は——除去されない」。したがって、「精神が誤ると言われるのは、そこから生ずる」のである。言い換えるならば、〈形相的虚偽〉(「太陽の真の距離を知らぬ」ということ)は除去しえても、〈質料的虚偽〉(太陽を近くに在るものとして想像する、「そうした想像の原因を知らぬ」ということ)までは除去しえぬのである。既に述べたことを繰返すならば、「精神の想像はそれ自体においてみれば何の誤謬をも含んではいないのである、言うなら、精神は想像するからといって誤りを犯しているというわけではない」、唯ただ、精神が、存在しない事物を自己に現前するものとして想像する場合には、精神はそれと同時に当の事物が実際には存在しないことを知らぬとみられるかぎりにおいてのみ、誤りを犯しているにすぎないのである（EII17, Sch.）逆に、精神は当の事物が実際に存在しないことを知っているとすれば、誤診は除去されるであろう。しかし、真とみなされようと偽とみなされようと、想像は依然として想像のままである。それは、われわれの身体に生ずる出来事を、言うなら外部の物体がわれわれの身体にもたらす結果を、表象していることには変わりはない。それは、外部の物体の本性を「説明〔開展〕する」ものではないとはいえ、当の物体の現前と、当の物体がわれわれの身体にもたらす結果とを、〈指示している〉ことに変わりはない。そうだとすれば、想像が真とみなされるかぎり（つまり、もし精神が存在しない事物を自己に現前するものとして想像するのに際し、それと同時に当の事物が現実に存在しないことを知っていたとすれば）、「精神はたしかに、この想像する力能を自己の本性の欠点にではなく、長所に帰するであろう」（EII17, Sch.）。なぜなら、身体の変状の観念としてのこの「想像」は、それを「説明する」（EII18, Sch.）諸原因（すなわち、形相的にはわれわれの本質である認識し知解する力能、質料的には原因としての「他の観念」、さらにはそのような原因の決定因としての「神の観念」）から切り離されているが、そのような形相因（認識し知解する力能）の最低限のものを〈含んでおり〉（それによって〈説明される〉わけではないけれども）、質料因（他の諸観念との連結〉を〈指示している〉（それを〈表現している〉わけではないけれども）からである。[51]「像」あるいは〈像の観念〉は、自己の固有の原因を表現しないが、それを含んでいるのである。

右のような事態のうちに、われわれは既に問題にした〈共通概念は存在する様態的事物各個にのみかかわる〉という事態の具体相を認める。なぜなら、「像」あるいは〈像の観念〉が自己の固有の原因（右に述べた形相因と質料因）を〈含んでいる〉とともにしかも〈表現しない〉ということは、〈「持続」とともに、しかも「持続」を斥けて、「永遠」を語る〉という、あの〈無媒介的な区別〉に帰着するからである。「存在する」様態的事物各個の「像」あるいは〈像の観念〉は「持続」に服して〈作用原因の無際限な系列の相のもとに〉眺められるのであるが、精神が「想像する力能」を「自らの本性の欠点」と認めるのではなく、却って「長所」に帰する場合には、当の「像」あるいは〈像の観念〉は厳密な意味での〈作用原因の無限の系列〉の相のもとで眺められることになり、以て「妥当な観念」を見出すであろう。想像する力能が自らの「長所」を見出せぬ場合には、「像」あるいは〈像の観念〉は「非妥当な観念」に留まるであろう。その意味で、「非妥当な観念」である「像」あるいは〈像の観念〉は「妥当な観念」を見出す可能性をもっているのである。そのように、「非妥当な観念」には二つの側面が区別されねばならない。

繰返して言うならば、「非妥当な観念」は自らの固有の原因の認識の〈欠如〉を包含しているのであるが、それはまた何らかの仕方で当の原因を包含している結果でもあった。当の観念は〈形相因〉（われわれの認識し知解する力能）によって〈説明される〉わけではないけれどもその最低限のものを〈含んでおり〉、〈質料因〉（他の諸観念との連結）を〈表現している〉わけではないけれども〈指示している〉のではあった。当の観念は前者の側面のもとでは誤りとなりうるのであるが、後者の側面のもとでは何か〈積極的なもの〉、かくて〈真なるもの〉を含んでいる。さきの「太陽」の例で言うならば、われわれは太陽が約二〇〇フィートの距離に在ると想像するとき、この身体の変状の観念はその固有の原因を表現することができない、つまり太陽の本性を説明しない。しかしそれでも、その変状の観念は「身体が太陽から触発されるかぎりにおいて」太陽の本性を含んでいるのである。したがって、「非妥当な観念」のなかには何か積極的なもの、明瞭に捉えることのできる一種の表示があると言われねばならない[52]。実際、「観念のなかにはそれを虚偽と言わしめるような積極的なものは何もない」（EIII33, Pr.）のであった。しかも、いかなる観念もすべて神のなかに在るのであって、そのようにして神に関係づけられるかぎり、すべての観念は真であり妥当であった（EIII32, Pr.）。したがって、観念は前者の側面のもとで、言い換えるならば「或る人間の個別的な精神に関係させられるかぎりにおいて」、みられるときにのみ、非妥当かつ不分明となる（EII36, Dem.）が、それが後者の側面でみられるならば、〈神が極めて多くの他の個物の観念に変状したかぎりにおいて神のなかに在る〉ような観念を指示し、かくて妥当な観念を語りうるのである。さきに、精神が想像する力能を自己の本性の長所に帰する場合には、非妥当な観念は妥当な観念を見出すであろう、と述べたが、それは非妥当な観念と妥当な観念との〈無媒介的な区別〉を語ったのであって、前者から後者への〈移行〉を語ったのではない[53]。非妥当な観念とともに、しかも非妥当な観念を斥けて、妥当な観念は支持されるのである。その意味で、「非妥当で不分明な観念は、妥当な言うなら明晰かつ判明な観念と、同一の必然性を以て生ずる」（EII36, Pr.）、と言われねばならないのである。

ところで、右に述べた事態は、非妥当な観念と妥当な観念との〈無媒介的区別〉の、あくまでも〈具体相〉を語ったものであることを忘れてはならない。精神が想像する力能を自己の本性の「長所」に帰する場合には、あくまでも具体的に、触発する事物と触発される事物とに、言うなら身体を取り巻く外部の物体と身体とに、〈共通なものの観念〉を主題化したのであって、持続に服して存在する事物のすべてに〈共通なものの観念〉を語ったのではない。それゆえ、スピノザは想像の「長所」を指摘したすぐ後で、「とりわけこの想像する能力（imaginandi facultas）が精神の本性のみに依存しているとしたら、すなわち精神のこの想像する能力が自由であったとしたら」（EII17, Sch.）――言い換えるならば、精神が自己の本性の必然性のみによって活動へと決定されるならば（EI, Def. 7）、さらに言い換えるならば、精神が知性の秩序に相応して事物をその第一原因によって知覚するならば（EII18, Sch.）――想像の「長所」はいっそう明確なものとなるであろう（EII17, Sch.）、と付言するのである。この〈付言〉は「共通概念」の第一の定理である「第二部定理三八」に対応するものであって、あの〈共通概念は存在する様態的事物各個にのみかかわる〉という事態を一般的に、個別具体的にではなく、語ったものである。持続に服して存在する様態的事物の各々と共通概念との関係を一般的に語ったのである。この関係を個別具体的な相のもとに眺めるならば、想像は外部の物体がわれわれの身体の上に残す痕跡から逃れられぬというわれわれの無力を示すとともに、そのようにして知覚の自然的条件のもとでは「非妥当な観念」しかもてないように決定されているわれわれが、なお「妥当な観念」を語りうる可能性をも秘めている、という事態が明らかになるのである。

そこでスピノザは「共通概念」に関する第二の定理を提示する。すなわち、「人間身体および人間身体を触発するのを常とする幾つかの外部の物体にとって共通で特有なもの、そして等しくこれら各物体の部分のなかにも全体のなかにも在るもの、そうしたものの観念もまた精神のなかにおいて妥当であるであろう」(EII39, Pr.)、と。まず、〈人間身体と、それを取り巻く幾つかの外部の物体とに、共通なもの〉と言われるときには、〈人間身体の変状の観念〉が問題になっているのであるが、その際には、既に述べた如く、〈人間身体がいわば特権的物体として、人間身体を取り巻く他のすべての物体を代表しているということ、言い換えるならば、人間身体を取り巻く他のすべての物体がむしろ他の幾つかの物体として示されるということ〉、が語られていた。そしてそのことは、人間身体や外部の物体を〈働き〉として捉えず、〈延長を産出しつつあるもの〉としての神の属性から切り離して、〈延長を産出された〉――〈延長を産出されつつある〉ではない――様態的個物として捉えようとするものに他ならなかった。そのかぎり、〈人間身体と、それを取り巻く幾つかの外部の物体とに、共通なもの〉は〈非妥当な観念〉をしか形成しなかった。しかるに、当の〈共通なもの〉は「等しくこれら各物体の部分のなかにも全体のなかにも在るもの」だというのである。〈等しく部分のなかにも全体のなかにも在るものの観念〉とは、既に述べた如く、〈延長を産出しつつあると同時に延長を産出されつつあるということが知性によって捉えられている、という事態〉を意味した。それを言い換えるならば、各々の様態的個物は他のすべての様態的個物との関係のなかで〈自己に固有の在り方〉としての〈構成関係〉を構成関係それ自体として一般的に表現するが（つまり、〈産出された延長が、各々の様態的個物に固有の運動と静止との複合関係として、表現されたもの〉が、産出されつつある延長の相のもとに表現し直されるのであるが）、それは各々の様態的個物の〈固有の在り方〉のすべてが〈全体〉としての神（言うなら、延長を産出しつつあるものとしての神の属性）のなかに在るからである、ということであった。そのようにして初めて、「人間身体および人間身体を触発するのを常とする幾つかの外部の物体にとって共通で特有な（proprium）もの」（傍点は引用者による）、という表現が成り立つのである。実際、スピノザは「人間身体および幾つかの外部の物体にとって共通で特有であるもの、等しく人間身体のなかにもこれら外部の物体のなかにも在るもの、そして最後に等しくこれら外部の各物体の部分のなかにも全体のなかにも在るもの」を「特質（proprietas）」と呼ぶ（EII39, Dem.）。なお既に、「第一部定理一六証明」のなかでは、〈神の本性の必然性から無限に多くの仕方で生じ来る無限に多くのもの〉としての様態的変状が「特質」として規定されていること、なおまた「第二部定理四〇備考二」では、「共通概念」が「事物の特質に関する妥当な観念」と規定されていること、にも注意しよう。そうだとすれば、〈人間身体と、それを取り巻く幾つかの外部の物体とに、共通なもの〉を問題にする場合にも、当の人間身体や外部の物体が〈働き〉の相のもとで（言うなら、〈延長を産出されつつあるもの〉の相のもとで、つまり、〈延長を産出しつつあるもの〉から切り離されることなく）考察されることが可能である、ということを認めねばならぬことになる。それは、「人間身体」が「幾つかの外部の物体」から触発される場合でも、当の「人間身体」が或る特権的な物体を成さぬ、ということである。それは、さらに言い換えるならば、人間精神が想像する力能を「自己の本性の欠点」と認めるのではなく、却って「長所に帰する」、ということである。実際、「人間身体が外部の物体から触発されるいかなる様式の観念も、人間身体の本性と同時に外部の物体の本性を含まねばならぬ」（EII16, Pr.）のであった。その際、「われわれが外部の物体について有する観念は、外部の物体の本性よりもわれわれの身体の状態をより多く示す」（EII16, Cor. 2）のが通常であって、人間身体は自らを取り巻く外部の物体の中心になろうとする傾向を示し、かくて人間精神は想像する力能を自らの本性の欠点と認めざるをえないのである。したがって、人間身体が、いわば特権的な物体を成して中心になろうとすることなく、自らを取り巻く外部の物体から触発されるとするならば、人間精神は当の〈想像する力能〉を〈自己の本性の長所〉と認めるであろう。その際の〈人間身体の変状の観念〉のなかには何か積極的なもの、明晰判明に捉えることのできるものがあるであろう。その〈何か積極的なもの〉をスピノザは「特質」と呼んだのである。そこで、〈いま人間身体が、外部の物体から、外部の物体と共通に有するところのものによって、すなわち特質Aによって、触発されると仮定する。そうすれば、この触発（変状）の観念は特質Aを含むであろう（第二部定理一六により）。またそれゆえに（第二部定理七系により）この触発（変状）の観念は、特質Aを含むかぎりにおいて、神のなかで妥当であるであろう、それは神が人間身体の観念に変状したかぎりで、つまり神が人間精神の本性を構成するかぎりで、でのことであるが。したがって（第二部定理一一系により）、この触発（変状）の観念は人間精神のなかでも妥当である〉、ということになる（EII39, Dem.)。重要なことは、人間身体がそれを取り巻く幾つかの外部の物体から触発を受けるとき、当の人間身体や外部の物体を〈働き〉の相のもとで、〈最低限〉ではあるにせよ、言うなら〈想像の長所〉として、捉えることである。〈働きの相のもと〉とは、繰返し述べるならば、〈延長を産出されつつある〉ものとして、〈延長を産出しつつあるもの〉としての神の属性から切り離すことなく、という意味である。また〈最低限ではあるにせよ〉とは、これも繰返して言うならば、〈人間身体の変状の観念は、形相因（われわれの認識し知解する力能）によって説明されるわけではないけれどもその最低限のものを含んでおり、質料因（他の諸観念との連結）を表現しているわけではないけれども指示している〉、という意味であった。そのようにして、〈想像の長所〉は、あの〈共通概念は存在する様態的事物各個にのみかかわる〉という事態の、〈一般相〉ではなく〈具体相〉のもとで語られるのである。

われわれはそのように、スピノザが提示した「共通概念」に関する二つの定理、すなわち「第二部定理三八」と「第二部定理三九」を、「共通概念」を〈一般相において捉えるもの〉と〈具体相において捉えるもの〉とに対応させたのであるが、その〈対応〉は慎重に解釈されねばならない。ドゥルーズは「共通概念」が大きく二種類に分けられるとして、〈一般性の低いもの〉と〈一般性の高いもの〉とに区別した(54)。「定理三八」で提示される〈すべてのものに共通なもの〉は、きわめて一般的な視点から一致する諸物体間の構成の相似性・共通性を表わすものとして、〈一般性の最も高い共通概念〉であるという。また、「定理三九」で提示される〈人間身体と幾つかの外部の物体とに共通なもの〉は、直接的にそしてそれらの固有の視点からして一致する諸物体間の構成の相似性・共通性を表わすものとして、〈一般性の最も低い共通概念〉であるという。しかしながら、「共通概念」とはまさしく〈共通なもの〉それ自体をいうのであって、そこに一般性の程度の高低を語ることは不合理であろう。〈共通なものそれ自体〉を表現するいわば〈要素〉としての〈存在する様態的事物各個〉を一般相のもとに語るか具体相のもとに語るかのちがいがあるのみである。〈一般性の最も低い共通概念〉とは、実は、共通概念を表現するいわば要素としての様態的事物各個の相互関係の一般性が低いというだけのことであり、同様に、〈一般性の最も高い共通概念〉とは、実は、共通概念を表現するいわば要素としての様態的事物各個の相互関係の一般性が高いというだけのことである。持続に服して存在する様態的事物各個の相互関係の一般性の高低がどうであれ、当の事物各個の相互関係を通して主題化される「共通概念」は常に同一のものに留まるのである。したがって、「定理三八」を「共通概念」の〈適用の秩序〉に、また「定理三九」を〈形成の秩序〉に対応させるドゥルーズの解釈[55]も慎重に検討されねばならない。ドゥルーズによると、共通概念は一般性の最も高いものから最も低いものへと行く論理的な秩序で説明されているという[56]。あらゆる物体が何らかの共通なもの（たとえば、延長や運動と静止）をもっている。たとえ一致しなかったり対立したりする物体でも、やはり何らかの共通なものをもっている。つまり、延長の属性のもとで全自然を引きいれているきわめて一般的な構成の相似性をもっている。まさにそれゆえに、論理的秩序における共通概念の提示は一般性の最も高いものからなされるのである。これが〈適用の秩序〉である、とドゥルーズは言う。しかし、他方、相反する二つの物体が何らかの共通なものをもつことが真である場合には、却ってそれらが共通なものをもつことによって、一方が他方に対立したり悪くあったりすることはけっしてありえない。「いかなる事物も、それがわれわれの本性と共通に有するものによって悪であることはできない。それがわれわれにとって悪であるかぎり、そのかぎりにおいてそれはわれわれと対立的である」（EIV30, Pr.）。かくして、われわれが何か悪しき感情を感じるとき、われわれと一致しないものによってわれわれのうちに〈悲しみ〉の受動感情が生み出されているのであり、その際、われわれと一致しない当のものとわれわれとに〈共通するものの観念を形成する〉ようにわれわれを導くものは何もない。ところがそれとは逆に、われわれが〈喜び〉の感情を感じるときには、或るものがわれわれの本性と一致するかぎりにおいて、当の或るものはわれわれにとってよいものであるから、喜びの感情そのものがそれに対応する〈共通概念を形成する〉ようにわれわれを導く。かくして、われわれが形成する最初の共通概念は一般性の最も低いもの、すなわち、われわれの身体と外部の物（身）体とに適用される概念である、ということになる。かくしてまた、もしわわれわれが共通概念の〈形成の秩序〉を考えるならば、われわれは一般性の最も低い概念から出発しなければならない、とドゥルーズは言うのである。しかし、ドゥルーズの右のような主張は、既に指摘したように、「非妥当な観念」から「妥当な観念」への、言うなら「受動」から「能動」への〈移行の可能性〉を前提にしているのではないか。われわれの主張はといえば、この〈移行の可能性〉を斥け、そこに〈無媒介的区別〉をのみ認めようとするものであった。たしかに、ドゥルーズは〈能動的となるためには受動的である喜びの諸感情を重ねるだけでは十分でないこと〉を、また〈愛の感情が喜びの感情に連なり、他の諸感情や欲望が愛に連なり、かくして一切がわれわれの活動力能を増大させるのであるが、しかし、われわれが能動的である点まで増大させることはないということ〉を、認めている。(57) しかし、ドゥルーズは、「われわれは何よりもわれわれの活動力能を減退させる悲しみの感情を避けねばならなかった。これが理性〔共通概念〕の第一の努力であった」(〔　〕内は引用者による補足)、と語り、(58) また「私たちは自らの身体と適合する物〔身〕体と出会うとき、そこに在る何が自らと共通であるかは未だ妥当に認識するに到らなくとも、〔既に〕受動感情としての喜びの変状ないし感情を味わっている。自らの身体と適合しない物〔身〕体との出会いから生まれる悲しみ〔の感情〕は、私たちをけっして共通概念の形成に向かわせはしないであろう（induirait）が、活動力能と理解力能との増大に他ならない受動感情としての喜びは私たちをそれに向かわせてくれる（induit）。喜び〔の感情〕は共通概念の機会因である」（〔　〕内は引用者による補足）、とも語っている[59]。要するに、われわれは喜びの感情を感じるとともに、悲しみの諸感情を避け、それらの連鎖から逃れ、悪しき出会いを斥けるよう努めねばならない。そのようにして受動的な喜びを重ね、共通概念の形成の「機会」を増してゆくことがわれわれの活動する力能と思惟する力能とをわれわれに所有させることになる、というのである。そこには、明らかに、「受動」から「能動」への、「非妥当な観念」から「妥当な観念」へのあの〈移行〉が語られている。なぜなら、喜びの受動感情はわれわれを共通概念の形成に向かわせるのに対して、悲しみの受動感情はそれに向かわせないのだからである。しかし、心理的にはともかく、論理的に言うならば、喜びの感情がわれわれを共通概念の形成に向かわせるのであれば、悲しみの感情もまた然りである。スピノザは語っている、「受動である感情は、われわれがそれについて明晰判明な観念を形成するや否や、受動であることを止める」（EV3, Pr.）、と。さらには、「われわれが何らかの明晰判明な概念を形成しえないようないかなる身体的変状も存しない」（EV4, Pr.）、と。たしかに、ドゥルーズは右の引用箇所のなかで、喜びに関しては、共通概念の形成に「向かわせてくれる」と断定的に述べるのに対して、悲しみに関しては「向かわせはしないであろう」と婉曲な述べ方をしてはいる。また、他所では、〈われわれが理性的となるのは、「受動であるかぎりの喜びの感情の集積によってではなく、むしろこの集積を利用しながら、妥当な観念をわれわれに所有させる真の〈飛躍〉によってなされる」〉とも述べている(60)。これは問題の〈移行〉を否定し、あの〈無媒介的区別〉を語っている（なぜなら、〈喜びの集積〉とともに、しかもその集積を斥けて、〈飛躍〉によって、というのであるから）かのようである。しかしそうであるならば、ドゥルーズは共通概念について何故〈適用の秩序〉と〈形成の秩序〉を語ったのであろうか。〈適用の秩序〉においては「共通概念は所与として前提されている。共通概念の形成の秩序はこれとはまったく異なる」、とドゥルーズは言う(61)。したがって、〈移行〉は肯定されていると言わざるをえない。少なくとも、ドゥルーズの言いたいことは、「受動」から「能動」への〈移行〉は喜びの感情の集積を通して〈徐々に強化されてゆく〉が、その〈強化〉は「能動」そのものには到達せず、「能動」そのものは〈飛躍〉によって獲得される、というのであろう。このような事態は、われわれが繰返し述べてきた事態、すなわち〈作用原因の系列の無限性を厳密な意味で指示するということは、当の系列は「持続」に服するにもかかわらず、それと同時に、「持続」とは無媒介的に区別されるものとして「永遠」を語るものである〉という事態、と同じであるかにみえる。しかし、われわれは〈無媒介的区別〉をこそ問題にしたのであって〈移行〉を斥けたのである。ドゥルーズは〈形成の秩序〉を〈適用の秩序〉に対立させて特別視することによって、〈移行〉を語らざるをえなくなった。ドゥルーズは、少なくとも〈形成の秩序〉においても〈適用の秩序〉をみるべきであった（しかも、共通概念を「所与として前提」するのではなく）。ドゥルーズの主張は混乱していて曖昧さのあることを否定できないのである。(62)

ここで「共通概念」に関する第二の定理である「第二部定理三九」の問題に戻ろう。人間身体が幾つかの外部の物体から触発を受けるとき、当の身体の変状の観念は二つの仕方で理解されうる。すなわち、観念は「外的特徴（denominatio extrinseca）」のもとでか、それとも「内的特徴（denominatio intrinseca）」のもとで捉えられうる。観念は、前者においては「観念とその対象との一致」に基づいて考察されるのであり、後者においては「対象との関係を離れてそれ自体で」考察される（EII, Def. 4）。前者においては、観念は対象との関係において解されて、言うなら、思惟作用としての〈知解する（intelligere）〉という〈働き〉が〈対象という仕方で〉規定されて、さらに言うなら、観念は「眼底に形成される像」（EII48, Sch.）の如くに解されて、あたかも「画板の上の絵の如く無言のもの」（EII43, Sch.）に貶められる。「像」としての観念とは外部の物体が人間身体の上に残す〈痕跡〉としての〈結果〉を意味するのであって、それは人間身体とそれを取り巻く外部の物体とのあいだの触発の関係を、人間身体を中心にして秩序づけるという事態に他ならなかった。そのような事態のもとで生まれる諸観念の連結は、〈原因〉としての「他の観念」（EIII9, Dem.）との連結に達することなく、唯ひたすら「自然の共通の秩序」、〈外在的決定〉の秩序、「偶然的出会い」の秩序に従っているにすぎなかった（EII29, Sch.）。他方、後者においては、「観念」が「観念の観念」と同一事物として捉えられるということ（EII21, Sch.）、観念が真実〈働き〉として、言うなら、「思惟様態、すなわち知解することそれ自体」（EII43, Sch.）として捉えられるということ、を意味する。そのようにして、対象は〈働き〉そのもののなかで〈自らを開展する（自ずから説明される）〉ことになる。対象の外で対象についての知性が観念を繰りひろげるのではなく、知性の内部で対象が観念として繰りひろがるのである。このように、観念が真実〈働き〉そのものとして捉えられるなら、対象もまた〈思念的に（objective）〉〈働き〉の相のもとに捉えられることになる。対象は「内部から決定されて」、そこに生ずる諸観念の連結は〈原因〉としての「他の観念」との連結に達し（EII29, Sch.）、さらにはそのような原因の決定因としての「神の観念」を表現するに到る。（なぜなら、対象を〈働き〉として捉えるということは、〈延長を産出されつつあるもの〉の相のもとに捉えることであって、そのことは〈延長を産出しつつあるもの〉としての神の属性と切り離すことなく捉えることに他ならなかったからである。）そのとき、人間身体は、自らが中心となって外部の物体を秩序づけるというのではなく、自らと自らを触発する幾つかの外部の物体との各々の固有性（固有の〈構成関係〉）を一般性において（言うなら〈構成関係それ自体〉として）支持するのである。そのようにして、人間身体がたとえ「幾つかの」外部の物体から触発を受ける場合でも、当の身体や物体が〈働き〉そのものの相のもとでみられるかぎり（すなわち、当の触発によって生ずる〈人間身体の変状の観念〉が「像」としてではなく「思惟様態」として「知解することそれ自体」として捉えられるかぎり）、その都度（つまり、「幾つかの」外部の物体がいかなる多さの物体であれその都度）、当の観念は「精神のなかにおいて妥当であるであろう（erit）」（EII39, Pr. 傍点は引用者による）。身体を含め、物体はすべて、〈働き〉そのものの相のもとでみられるかぎり、〈神の本質である力能を一定の仕方で表現する様態〉として（言い換えるならば、神の本性の必然性から無限に多くの仕方で生じ来る無限に多くのものとして）、かくて〈一個の力能の度〉として（つまり、神的力能の内包的部分として）、他のすべての物体と適合・一致しているから、いずれの物体も他のすべての物体との連結において考察されるのである。

以上を要するに、人間身体が幾つかの外部の物体から触発を受けるとき、当の身体の変状の観念は、あるいは「外的特徴」のもとに捉えられて「非妥当な観念」となるか、あるいは「内的特徴」のもとに捉えられて「妥当な観念」となるか、そのいずれかであるというのであるが、問題はそれら観念の〈非妥当性〉と〈妥当性〉との関係である。「非妥当な観念」が形成される場合は、人間身体を取り巻く外部の物体を当の身体を中心にして秩序づける事態であって、そのような事態において生まれる諸観念の連結は「偶然的出会い」の秩序、言うなら〈外在的決定〉の秩序に従うにすぎず、〈原因〉としての「他の観念」との連結に達することがない。そのとき、人間精神は〈不分明な〉知覚をしか得ることができず、かくて〈受動〉である。「非妥当な観念」とは外部の物体が人間身体の上に残す痕跡としての「像」を意味するのであって、それは人間身体や外部の物体を〈働き〉の相のもとに捉えぬこと、言うなら〈延長を産出されつつあるもの〉としてみずに〈延長を産出されたもの〉としてみることに由因する。そのような事態がまさしく

〈持続に服して存在する〉ということ、言うなら、〈因・果〈諸観念〉の無際限な系列を成す〉ということ、さらに言うなら、〈諸観念の連結を外在的に決定する〉ということ、を意味したのである。そうだとすれば、この〈持続の相のもとでの因・果〈諸観念〉の無際限な系列〉を〈真実、つまり厳密な意味で、無限の系列として支持する〉ということのうちに、「妥当な観念」は主題化されることになろう。それは、〈人間身体が自らを中心にして外部の物体を秩序づける〉ということを止めること、言うなら、〈人間身体と外部の物体を働きの相のもとに——延長を産出されたものとしてではなく、延長を産出されつつあるものとして——捉える〉こと、そのようにして、〈因・果〈諸観念〉の連結において、〈原因〉としての「他の観念」との連結に達し、かくてそのような原因の決定因としての「神の観念」にまで到達する〉こと、を意味する。諸物〈身〉体を〈延長を産出されつつあるもの〉の相のもとにみることは、〈延長を産出しつつあるもの〉としての神の属性のもとにみることと、相即しているからである。ここに、精神の「受動」は、自らと無媒介的に区別されるものとして、精神の「能動」を主題化する。「受動」とともに、しかも「受動」を斥けて、「能動」が語られるのである。スピノザは言う、「受動である感情は不分明な観念である。それゆえに、もしわれわれがその感情の明晰判明な観念を形成するならば、この観念と、独り精神のみに関係するかぎりでの感情そのものとのあいだには、単に見方の上でしか区別がないであろう」（EV3, Dem.）、と。「受動」について「明晰判明な観念」を形成するとは、「受動」を〈働き〉（言うなら「能動」）として捉えること、かくて〈受動という能動〉を主題化することである。それはまた、〈因・果（諸観念）の連結における無際限な系列〉を〈厳密な意味での無限の系列〉として支持することでもある。繰返しの引用になるが、「受動である感情は、われわれがそれについて明晰判明な観念を形成するや否や、受動であることを止める」（EV3, Pr.）のである。「非妥当な観念」は、自らとともにしかも自らを斥けて、「妥当な観念」を主題化する。かくして、「われわれが何らかの明晰判明な概念を形成しえないようないかなる身体的変状も存しない」（EV4, Pr.）ということになる。本来「非妥当な観念」であるいかなる〈人間身体の変状の観念〉といえども、「妥当な観念」を語ることは許されるのである。しかし、この定理（「第五部定理四」）の「証明」は「第二部定理三八」を援用していることからも明らかなように、「定理三八」に基づいて、「定理三九」が語られるのであって、「定理三八」は「共通概念」をその〈一般相〉において捉えるものであるのに対し、「定理三九」はそれを〈具体相〉において捉えるものであることが理解され、かくてドゥルーズが主張するような〈適用の秩序〉と〈形成の秩序〉の区別は斥けられねばならないのである。

いずれにしても、諸観念の連結に関して言うならば、観念は「或る人間の個別的な精神に関係させられるかぎりにおいて」みられるときにのみ（つまり、当の連結が〈原因〉としての「他の観念」との連結に達していないときにのみ）、非妥当で不分明となるのであるが（EII36, Dem.）、しかし、神が「極めて多くの事物の観念に変状したかぎりにおいて」神のなかに在るとみられるならば、妥当であり明晰判明なのであって、非妥当でも不分明でもない（EII24, Dem.; EII28, Dem.）。ただ、〈人間身体の変状の観念〉にあっては、人間身体とそれを取り巻く外部の物体（事物）とのあいだの触発に際し、「幾つかの外部の物体」がかかわるのであって、「極めて多くの事物」がかかわるのではなかった。しかし、それら「幾つかの外部の物体」は「等しくこれら各物体の部分のなかにも全体のなかにも在るもの」のもとに捉えられたということ、言うなら、それら「幾つかの外部の物体」の各々は〈働き〉そのものの相のもとに捉えられたということ、さらに言うなら、その各々は〈延長を産出されつつあるもの〉の相のもとに捉えられたということ（これを〈変状の観念〉に即して言うならば、「内的特徴」のもとに捉えられたということ）を忘れてはならない。「幾つかの外部の物体」は、それらのもたらす変状の観念が「内的特徴」のもとに捉えられているときには、「極めて多くの事物（物体）」と、言うなら〈すべての外部の物体〉と、常に既に連結しているのである。（既に述べた如く、物体は、〈働き〉そのものの相のもとでみられるかぎり、〈神の本質である力能を一定の仕方で表現する様態〉として、かくて〈一個の力能〉として――つまり、神的力能の内包的部分として――、他のすべての物体と適合・一致しているから、いずれの物体も他のすべての物体との連結において考察されるのである。）それゆえ、人間身体がそれを取り巻く或る外部の物体と触発の関係に立つとき、その度毎に常に既に、すべての外部の物体との触発の関係を成就しているのである。或る外部の物体の各々をいわば〈枚挙〉していって「幾つかの」物体から〈すべての〉物体へと到達するのではない。そのような事態は、〈外在的決定〉の秩序、「偶然的出会い」の秩序に従うことであって、それら物体の妥当な認識は得られない。妥当な観念を主題化するためには、「内部から決定されて、すなわち多くの事物を同時に観想することによって、事物の一致点・相違点・反対点を知解する」（EII29, Sch.）のでなければならない。そのようにして、人間身体とそれを触発する或る外部の物体とに〈固有の構成関係〉を〈構成関係一般〉として捉えることが重要なのである。そのようにして主題化される「共通概念」の各々は自らが関係づけられる諸様態（人間身体ならびにそれを取り巻く外部の物体）において複合される諸々の

〈構成関係〉の源泉として〈神〉を表現する（なぜなら、諸様態を〈延長を産出されつつあるもの〉の相のもとにみることは、〈延長を産出しつつあるもの〉としての神の属性のもとにみることと、相即しているのであったからである）。言い換えるならば、「共通概念」の各々はその固有の次元において神を表現し、われわれを〈神の認識〉（言うなら「神の観念」）へと導く。右に〈固有の次元〉と述べたのは、観念の「実在性もしくは完全性」の度（内包量）のことである。それというのも、「真なる観念を有することは事物を完全にあるいは最も善く認識するという意味に他ならず」、かくて、「真なる観念」と「偽なる観念」との相違に関しては、「前者は後者に対して存在者〔在りつつあること〕（ens）が非存在者〔在りつつあるなきこと〕（non-ens）に対するような関係にある」のであって、その意味で、「偽なる観念」は「実在性もしくは完全性」の欠如を含むと言われねばならぬからである（EII43, Sch.〔　〕内は引用者による補足）。そうだとすれば、人間身体とそれを取り巻く或る物体とのあいだに共通概念が主題化される度毎に実在性もしくは完全性の或る一定の度合が具わり、かくて或る一定の仕方で神を表現するわけである。そうだとすればまた、そのような度合の〈一切の〉実在性もしくは完全性は〈全体として同時に〉観念に帰属させられるのでなければならない。なぜなら、「実在性もしくは完全性」の真なる概念にあっては、新たに実在性もしくは完全性に気づくということは、唯ただ実在性もしくは完全性の観念がより判明になるということのみを意味するのであって、実在性もしくは完全性が数量的に増大することを意味するのではないからである。いかなる実在性もしくは完全性に気づくにせよ、それが実在性もしくは完全性であると知解するということは、いかなる実在性もしくは完全性も不可分離的であると知解するということに等しいのである。以上の如き事態からの帰結として、「身体が他の物体と共通のものをより多く有するに従って、精神は多くのものを妥当に知解することに対してそれだけ有能である（aptior）」（EII39, Cor.）、ということになる。別の言い方をするならば、「感情はわれわれによりよく識られるに従ってそれだけ多くわれわれの権能（potestas）のうちに在り、また精神は感情から働きを受けることがそれだけ少なくなる」（EV3, Cor.）、ということになる。「身体」が「他の物体」と触発し触発される関係に立ち、そこに適合点・一致点が見出される場合には、当の「身体」や「他の物体」が〈働き〉そのものの相のもとに（つまり、〈延長を産出されつつあるもの〉として、〈延長を産出しつつあるもの〉から切り離されることなく）捉えられるかぎり、「他の物体」がより多く触発の関係に加われば加わるほどそれだけ「身体」の固有性はより判明になるであろう。共通概念が主題化される際には、「身体」や「他の物体」に固有の〈在り方〉〈構成関係〉が全面的に支持されるのであって、かくて、「他の物体」の各々に固有の〈構成関係〉〈〈産出されつつある延長〉を「他の物体」の各々に固有の運動と静止との複合関係として捉えたもの〉がより多く支持されればそれだけ多く「身体」に固有の〈構成関係〉も支持され、かくてまた、それだけ多く「身体」の活動も独自のものとなるであろう。「精神」は「身体の観念」であったから（EII13, Pr.）、したがってまた、それだけ多く「精神」の活動も独自のものとなるであろう。以上を要するに、「或る身体が、同時に多くの働きを為しあるいは働きを受けることに対して、他の身体よりもより有能であるに従って、その精神もまた、多くのものを同時に知覚することに対して、他の精神よりもそれだけ有能であろう。また、或る身体の活動が当の身体のみに依存することがより多く、他の物体に共同して働いてもらうことがより少ないのに従って〔他の物体に固有の構成関係がより多く支持されれば支持されるほど〕、その精神もまた判明に知覚することに対してそれだけ有能である」（EII13, Sch.〔 〕内は引用者による補足）、ということになるのである。

五　共通概念と直観知

　このようにして、ひとたび人間精神のうちで共通概念が主題化されると、この妥当な観念を原因として精神のうちに生じ来るすべての観念もまた同様に妥当である（EII40, Pr.）、ということは明白である。言い換えるならば、「われわれが明晰かつ判明に知解する事物は、事物の共通の特質であるか、それとも、共通の特質から導き出されたものである」（EV12. Dem.）、ということである。（ここで、スピノザが「人間身体および幾つかの外部の物体にとって共通で特有であるもの、等しく人間身体のなかにもこれら外部の物体のなかにも在るもの、そして最後に等しくこれら外部の物体の部分のなかにも全体のなかにも在るもの」を「特質」の名で呼んだことを、思い出しておこう。）なぜなら、「人間精神のうちの妥当な観念から精神のうちに或る観念が生じ来る」と言われるとき、それは「神が無限であるかぎりにおいてではなく、また神が極めて多くの個物の観念に変状したかぎりにおいてでもなく、神が唯ただ人間精神の本質を構成するかぎりにおいてのみ、神の知性自身のなかに神を原因とする或る観念が存するということを意味しているからである（EII40, Dem.）。「神が唯ただ人間精神の本質を構成するかぎりにおいてのみ」、言い換えるならば、神が全面的に人間精神の本性によって説明される（開展される）かぎりにおいて、さらに言い換えるならば、神が〈人間身体とそれを取り巻く他の物体とが共に働きそのものの相のもとに（つまり、延長を産出されつつある相のもとに）捉えられるかぎりにおいての〉〈人間身体の観念〉としての〈人間精神〉の本性によって説明されるかぎりにおいて、或る観念を有するとすれば、当の観念は神のうちでも人間精神のうちでも同一的であって、それというのも、神が当の観念を自らのうちで有するためには、それを人間精神のうちで産出すれば十分だ（つまり、思惟を産出しつつあるということは、同時に、思惟を産出されつつあるということを意味する）からである。かくて、人間精神は必然的に当の観念を妥当に知覚するのである。このように、妥当な観念（共通概念）を主題化する人間精神はそれから生じ来る諸観念の妥当な原因である、という意味において、精神は知解し、活動する、言うなら働きを為す（EIII, Def. 1 et 2）。共通概念の主題化は人間精神が自らの思惟する力能と活動する力能とをはっきり所有していることを意味するのである。

言い換えるならば、「人間精神は神の無限の知性の一部である」（EIII1, Cor.）ということ、つまり、人間精神は、〈神は知解するがままに産出する〉という事態における、神の絶対的な思惟する力能と絶対的な存在する〔産出する〕力能とを一定の仕方で表現するということ、を明らかにするのである。かくて、人間精神は「理性を用いる」（EIV26, Pr.）と言われ、理性的存在者となるのである。

かくして、観念がわれわれの思惟する力能によって自ずから説明され（自らを開展し）、諸事物の本性を表現するとき、われわれは「第二種の認識」、言うなら「理性」を主題化する。すなわち、「われわれが共通概念を、かくて事物の特質に関する妥当な観念を、有するということから」（EII40, Sch. 2）、一般的概念を主題化する。「共通概念」とは、既に述べた如く、実在的な構成関係相互の〈複合上の統一〉を表わすものであって、そのように複合上の統一をみる構成関係のもとに個々の存在する様態間の〈内的な出会い〉（EII29, Sch.）を選択し秩序づけようとする「理性」の努力である。言い換えるならば、〈持続〉に服する〈各々の様態に固有の構成関係〉を、〈構成関係一般〉として「なんら時間との関係なしに、或る永遠の相のもとに」（EII44, Cor. 2, Dem.）捉えようとする「理性」の努力である。それゆえ、共通概念はあくまでも〈存在する個々の様態〉（すなわち、〈想像されうる事物〉）に関係づけられるのであるが、それにもかかわらずそれは〈一般的な〉観念であって、存在する様態の「現実的本質」（すなわち、様態の各々に具わる、持続に服する〈固有の構成関係〉として、〈自己の存在に固執するコナトゥス〉）をわれわれに認識させるものではない。そのような本質を認識させるものこそは、「第三種の認識」、言うなら「直観知」に他ならない。この「第三種の認識」は「神の幾つかの属性の形相的本質についての妥当な観念から事物の本質の妥当な認識へすすむもの」と定義される（EII40, Sch. 2）。スピノザにあっては、神は自己自身を知解するがままに産出し、かつ当の産出物の一切を知解し、しかもそのような二つの〈知解〉（自己自身の知解と産出物の知解）をも産出するのであった。そうだとすれば、「神の幾つかの属性の形相的本質についての妥当な観念」とは、神が自ら産出しつつある〈神の自己認識〉言うなら「神の観念」、に他ならない。神は自己自身を認識（知解）しつつ、当の〈自己認識〉として一切を産出しつつあるのであるが、そのようにして〈産出されつつある自己認識〉とは区別される、という意味での〈産出しつつある自己認識〉としての「神の観念」をわれわれは主題化したいのである。そこから「事物の本質の妥当な認識へすすむ」、とはいかなる意味であろうか。まず、「事物（言うなら個物ないし様態）の本質」が右に述べた〈産出されつつある神の自己認識〉のもとに理解されるということは見当がつく。なぜなら、〈産出されつつある相〉（つまり、神の本性の必然性から生じ来る相）のもとでのかぎり、「個物言うなら様態の観念は、個物言うなら様態の形相的本質が神の属性のなかに含まれているのと同じように、神の無限の観念のなかに包容されていなければならぬ」（EII8, Pr.）のであったからである。言い換えるならば、「神の無限の本性から形相的に生じ来るすべてのことは、神の観念から同一の秩序・同一の連結を以て神のうちに思念的に生じ来る」（EII7, Cor.）のであったからである。ところで、「神の無限の観念」は〈直接無限様態〉であった。したがって、〈神の属性のなかに含まれている個物言うなら様態の形相的本質〉もまた〈直接無限様態〉と呼ばれうる。しかるに、〈直接無限様態〉は〈全体として一挙に〉産出されるのであった。そのような事態は、「直観知」にとってはふさわしい特性かもしれないが、〈個物の認識〉という側面からみると矛盾しないであろうか。さらには、〈産出しつつある神の自己認識〉と〈産出されつつある神の自己認識〉とが区別されていること、あるいは「属性の形相的本質」と〈属性のなかに含まれている個物の形相的本質〉とが区別されていることは、「直観知」という認識にとって矛盾ではないのか。これらの問題を解決するためには、「共通概念」の本性を改めて考察しなければならない。なぜなら、

〈属性のなかに含まれている個物の形相的本質〉そのものの存在を意味したからである。神的力能の内包的部分としてすべてが互いに適合しあっている個物の各々の形相的本質は、〈直接無限様態〉としては〈全体として一挙に産出される〉のであるが、その各々の本質はそれが存在し始める（言うなら〈産出され始める〉）まさにそのときから、当の〈存在を肯定し維持しようとする努力〉となるのであった。その事態は現実に即して言い換えるならば、個物は〈持続するかぎりにおいて存在する〉と言われるようになっても、〈神の属性のなかに包容されているかぎりにおいて存在する〉ことを止めない、ということを意味した（EII8, Cor.）。その意味をさらに具体的に言い換えるならば、個物が持続に服して存在し始める際には、当の個物の「現実的本質」に帰属する無限に多くの外延的諸部分が自らの〈存在〉を具現すべく一定の〈構成関係〉のもとに入るように外部（他の諸個物）から決定されることによって、当の個物の「現実的本質」は持続のうちで自己を肯定するのであるが、この〈自己肯定の努力〉が〈間接無限様態〉としての、あの〈個物の形相的本質そのものの存在〉を主題化するのであった。さらに言い換えるならば、〈持続するかぎりにおける〉個物の〈存在〉は作用原因の無際限の系列に服する相のもとに語られるのであるが、その系列の無限性が厳密な意味で支持されるかぎり、いわば〈当の系列は語られない〉ということによって、却って個物の「現実的本質」が〈間接無限様態〉としての〈属性のなかに含まれている個物の形相的本質（言うなら〈直接無限様態〉）それ自身の存在〉として語られることになる。個物の「現実的本質」とともに、しかもそれを斥けて、〈現実的本質一般〉として共通概念の対象である〈間接無限様態〉が主題化されるのである。かくして、「共通概念」のもとでは、属性は自らに対応するあらゆる〈存在する様態的個物に共通な特質として〉知解されるだけである。言い換えるならば、属性はそれ自身の本質（形相的本質）において把握されるのでもなければ、それが適用される個々の様態の本質（現実的本質）において把握されるのでもなく、どこまでも、それ（属性）がその本質を構成している存在する実体と、それがその本質に適用される存在する個々の様態とに、共通する形相（現実的本質一般）として捉えられているにすぎない。しかし、「直観知」のもとでは、当の属性は、むしろ神的実体の「形相的本質」を構成するものとして（神的実体とは、各々が永遠にして無限なる本質を表現する無限に多くの属性から成っているのであった〔EI, Def. 6〕）、また諸々の様態的個物の「現実的本質」（様態的個物の各々に固有な、持続に服するものとしての、構成関係）を含むものとして、知解されるのである。右に〈属性が諸々の様態的個物の「現実的本質」を含む〉と言うのは、〈持続に服する〉ものとしての当の「現実的本質」が、〈持続〉とは無媒介的に区別される〈永遠〉の相のもとで、〈現実的本質一般〉として、言うなら〈間接無限様態〉として主題化された、ということに対応している。〈間接無限様態〉とは〈直接無限様態〉（つまり、属性のなかに含まれている個物の形相的本質）それ自身の存在のことであった。それは個物の各々が分有する〈神の本質そのものである神の力能〉（EI34, Pr.）の度（強度的・内包的量）の表現であった。個物の各々が分有するこの〈神的力能〉はその各々が強度的・内包的部分として互いに他のすべてと適合しあうようにして、ひとつの無限を成している。この〈神の力能の度〉の無限の全体が一挙に産出されるところに語られるのが〈直接無限様態〉に他ならなかった。このようにして、永遠にして無限なる神的属性は持続に服する有限な様態的個物の現実的本質を含む、と言われうるのである。かくて、「共通概念」のもとで理解された〈共通な形相としての属性〉における、〈共通な〉という言葉の意味が「直観知」のもとでは変わったのである。「直観知」のもとではそれはもはや〈一般性〉を意味するのではなく、〈一義性〉を意味する。属性は、自らがそれの「形相的本質」を構成するところの神と、自らがそれの「現実的本質」を含むところの様態的個物とにとって、共通なのである。

以上を要するに、「神の本質そのもの」である「神の力能」が〈神の力能の度〉のもとに〈全体として一挙に〉産出されるところに〈直接無限様態〉が語られるのであるが、その〈ひとつのもの〉としての〈直接無限様態〉も、〈間接無限様態〉を介して眺めるならば、「個物」として理解されるであろう。なぜなら、この〈全体として一挙に産出される〉〈ひとつの無限〉が作用原因の相のもとに眺められるとき、当の原因の無限の系列が厳密な意味で支持されるところに〈間接無限様態〉が語られるのであったからである。言い換えるならば、〈神の力能の度〉は、一方では、無限の全体を成す〈ひとつのもの〉として概念されるとともに、他方、各々の〈力能の度〉はそれぞれ固有のものとして互いに異なるものとしても概念されるからである。それゆえに、スピノザは「事物を第三種の認識において認識しようとする努力ないし欲望は、第一種の認識から生ずることはできないが、第二種の認識からはたしかに生ずることができる」（EV28, Pr.）、と述べるのである。しかしながら、右のように〈直接無限様態〉が〈間接無限様態〉を介して「個物」の側面を表現しえたとしても、「事物〔個物〕の本質の妥当な認識へすすむもの」（〔　〕内は引用者の補足）としての「直観知」が成就されたわけではない。「神の幾つかの属性の形相的本質についての妥当な観念」とは言うまでもなく「実体」にかかわる事態であるのに対して、

「事物〔個物〕の本質の妥当な認識」は「様態」にかかわる事態にすぎぬように思われるからである。これは、われわれが先に提示した〈区別〉（〈産出しつつある神の自己認識〉と〈産出されつつある神の自己認識〉との区別、あるいは「属性の形相的本質」と〈属性のなかに含まれている個物の形相的本質〉との区別）の問題そのものである。かくして、「事物〔個物〕の本質」としての〈直接無限様態〉そのものの身分が問われることになる。

「直観知」のもとでは、属性が、自らがそれの形相的本質を構成するところの神と、自らがそれの現実的本質を含むところの様態的個物にとって、〈一義的形相〉として知解されたが、この〈属性の一義性〉が〈原因の一義性〉に結びつく知見であることは、われわれの既にみたところである。神は自己の本質を構成しているその同じ属性において一切を産出するということ、まさにそのことから、「神が自己原因であると言われるその意味において、神はまたすべての事物の原因であると言われねばならぬ」、ということが導かれる（EI25. Sch.）。この〈原因の一義性〉なる知見において重要なことは、様態的事物の本性を構成する作用原因の系列の無限性を〈厳密な意味で、言うなら、無際限にではなく真に無限に〉支持する、ということであった。作用原因の系列は真実無限に支持されることによって神を表現する。その意味で、「共通概念」は「神の観念」に結びつくことができる。しかし、作用原因は、その系列がいかに〈真実無限に〉支持されるのであるにもせよ、〈系列〉を成しているのであるかぎりは、当の系列を構成する各々の項〈様態的事物〉の「現実的本質」までも把握するものではない。言い換えるならば、〈系列〉を成しているのであるかぎりは、当の系列を構成する様態的事物の各々に〈固有の、持続に服するものとしての、構成関係〉〈言うなら、自己の存在に固執するコナトゥス〉を〈構成関係一般〉として把握する〈言うなら、様態的事物の各々の「現実的本質」を〈「形相的本質」そのものの存在〉として把握する〉のである。そのように、「共通概念」は、存在する個々の様態的事物に関係づけられ、そのような関係づけを離れては意味をもたぬのであるにもせよ、しかし、当の様態的事物のいかなる「現実的本質」をもわれわれに認識させないというかぎりでは、〈一般的な〉観念であった。かくして、「事物の〈形相的〉本質の妥当な認識へすすむ」〈〔 〕内は引用者による補足〉ために は、言い換えるならば、「神の属性を一定の仕方で表現する様態」（EI25, Cor.）として、端的に「個物」を識るためには、〈属性の一義性〉が、かくてまた〈原因の一義性〉が主題化されねばならぬのである。作用原因の系列を真実無限に支持するということは、却って当の系列をいわば分断する〈いわば当の系列を語らぬ〉ようにして、系列のいずれの項においても自己原因性の内在することの洞察を意味する。つまり、系列のいずれの項をとっても、そこには各々の原因がいわば自らの結果をもつように決定するものとして、神の存在が語られるのである。各々の原因は〈いわば自らの結果をもつ〉のであって、〈端的に自らの結果をもつ〉のではない。「自己原因」としての「力能」あるいは「本質」は〈産出の働き〉そのものであって、これを消極的に〈対象〉という仕方で（つまり、〈自己を産出する〉という仕方で）規定してはならない。〈対象〉という仕方で規定されて、〈産出される自己〉が〈産出する自己の結果〉の如くに注目されるならば、神の「力能」あるいは「本質」を〈働き〉として支持していないことになる。原因は何ものかを産出するのであるが、〈産出〉という〈働き〉の相のもとにみるかぎり、当の〈何ものか〉は〈結果〉ではない。〈結果〉とみなされるときは、〈働き〉のいわば外に出るようにして（つまり、〈働き〉そのものを止めて）、〈産出の働き〉を対象化して眺めることを意味しているのである。かくして、〈働き〉（言うなら属性）の相のもとで〈実体が様態を産出する〉に際して、「第二種の認識」のもとでは、〈自己が端的に自己を産出する〉のであるが、「第三種の認識」のもとでは、〈自己がいわば自己を産出する〉のである。ここに、〈直接無限様態〉は、〈様態〉であるとともに〈様態〉であることを斥けるかのようにして、〈全体として一挙に〉産出される、ということの意味が明らかになる。「第二種の認識」にあっては、〈思惟あるいは延長を産出しつつある〉ということが同時に〈思惟あるいは延長を産出されつつある〉ということであるにもかかわらず、なおそこには〈産出する〉と〈産出される〉との秩序の区別を引きいれるのであるが、「第三種の認識」にあってはそのような区別が斥けられるのである。そしてそのような事態において初めて、作用原因を自己原因と同一視することの意味が明らかになるとともに、「第二種の認識」から「第三種の認識」への移り行きも明らかになるのである。

実際、「第二種の認識」と「第三種の認識」とのあいだには根本的な差異が存するのであるが、しかしそれにもかかわらず、後者へと導きいれるものは前者なのである（EV28, Pr.）。そして、前者において後者の「基礎」として役立っているのは「神の認識」（言うなら「神の観念」）である（EV20, Sch.）。精神や身体の〈有用性〉にはさまざまな度合があった如く、共通概念の各々はその固有の次元において神を表現し、われわれを「神の認識」（言うなら「神の観念」）へと導く。言い換えるならば、共通概念の各々は、自らが関係づけられる諸様態において複合統一される構成関係の源泉として神を表現する。そのようにして、神を表現する共通概念に関係づけられるかぎりにおいて、「神の観念」は「第二種の認識」の部分となる。[63]（なぜなら右にも述べた如く、

〈産出されつつある〉結果は、必然的に、〈産出しつつある〉原因に結びつくが、しかしそれにもかかわらず、当の事態は〈産出する〉と〈産出される〉とのあいだの秩序の差異を引きいれているからである。）そのかぎり、「神の観念」は必然的に「共通概念」に関係するとはいえ、それ自身は「共通概念」ではない。[64]「共通概念」は神の本質を、かくてまた様態的事物の本質を、自らの〈一般的な〉機能によって表現するに留まるのに対して、「神の観念」は神の本質を、かくてまた様態的事物の本質を、その個別的本性において知解するのである。この意味において、「神の観念」は必然的にわれわれを「第三種の認識」へ導きいれることになる。そしてそのときには、神の本質と、一個の個物（様態的事物）たるわれわれ自身の本質と、他の諸々の個物すべての個別的本質をめぐる認識が、言い換えるならば、それら三つの本質すべての概念が、神のうちに在るがままにわれわれのうちで反照しあうようにさせることが、[65]主題となる。神は存在するがままに、しかもそれと等しく自らを知解するがままに、一切を産出するのであった（EII3, Sch.）から、神の観念は神なる実体と諸属性を知解して、神なる実体が無限に多くの事物をそれら属性のうちに産出するのと同様に、神の観念も無限に多くの観念を産出するのである。その際、神の観念は、最初のうちは共通概念と結びついた用法において捉えられるが、次いで、一個の個物であるわれわれ自身もまた神の観念の一部分であるかぎりにおいて、当の神の観念はその本来の在りようにおいて、言うなら「第三種の認識」のもとに捉えられるのである[66]。したがって、「第三種の認識」のもとでわれわれの認識が有する絶対的に妥当な性格は、〈属性の一義性〉にその積極的根拠をおいているのである。

六　おわりに

以上の如き〈認識の三種〉についての考察から、冒頭でも述べた如く、「第一種の認識」には非妥当で不分明なすべての観念が属し、また「第二種」および「第三種の認識」には妥当で明晰判明な観念が属する、ということが自ずからにして明らかである。かくて、「第一種の認識は虚偽の唯一の原因である。これに反して、第二種および第三種の認識は必然的に真である」(EII41, Pr.)、と言われねばならない。そしてさらに、「われわれに真なるものと偽なるものとを区別することを教えるのは、第一種の認識ではなくて、第二種および第三種の認識である」(EII42, Pr.)、ということも帰結する。なぜなら、「真なるものと偽なるものとを区別すること」を知っている者は、真なるものと偽なるものとについて妥当な観念を有さねばならぬからである。言い換えるならば、真なるものと偽なるものとを「第二種」または「第三種の認識」によって認識せねばならぬからである（EII42, Dem.）。したがって、「第一種の認識」から「第二種の認識」への〈移行〉という考え方は斥けられねばならない。「第一種の認識」、言うなら「想像」的認識は、自らを説明する諸原因（すなわち、形相的にはわれわれの本質である認識し知解する力能、質料的には〈原因〉としての「他の観念」、さらにはそのような原因の決定因としての「神の観念」）から切り離されていて、唯単に、そのような形相因の最低限のものを〈含んでおり〉、質料因を〈指示している〉のにすぎなかった。それは、事物を「自然の共通の秩序」に従って知覚する、という事態であり、言い換えるならば、〈外部から決定されて〉、かくて事物との「偶然的出会い」に基づいて、当の事物を観想する、という事態であった（EII29, Sch.）。したがって、もしもこの想像する力能が、あの形相因を単に〈含む〉ということに甘んじず、却ってそれによって〈説明される〉としたら、もしもあの質料因を単に〈指示する〉ということに甘んじず、却ってそれを〈表現する〉としたら、「第一種の認識」はその「長所」（EIII7, Sch.）の側面から捉え直されて、「第二種の認識」を主題化することであろう。そのような意味におけるかぎり、〈「共通概念」は個々の存在する様態にのみ、言うなら想像されうる事物にのみ、関係づけられる〉、と言われるのである。様態の各々に〈固有の構成関係〉が〈構成関係一般〉ないし〈構成関係それ自体〉として捉えられるかぎりにおいて「第二種の認識」は成り立つのであって、〈固有の構成関係〉〈個々の様態の「現実的本質」〉それ自体は、様態の〈存在〉の相のもとに持続に服するのである。このように、様態の「現実的本質」と〈「形相的本質」そのものの存在〉〈言うなら、〈間接無限様態〉としての〈構成関係一般〉〉とは無媒介的に区別されるようにして、「第一種の認識」と「第二種の認識」も無媒介的に区別される。「第二種の認識」は「第一種の認識」に必然的にかかわるにもかかわらず、後者から前者への〈移行〉は存しないのである。

右の如く、事物を偶然的なものとして観想することは、独り「想像」にのみ依存するのであるとすれば、「事物を偶然的なものとしてではなく、必然的なものとして観想することは、理性の本性に属する」（EII44, Pr.）ということになる。想像的諸観念は外部の物体の本性を「説明する」ものではなく、当の物体の〈現前〉と、当の物体がわれわれの身体の上にもたらす〈結果〉とを、「示す」ものであるにすぎなかった。言い換えるならば、当の諸観念の連結は〈原因〉としての「他の観念」との連結に達することなく、唯ひたすら〈外在的決定〉の秩序、「偶然的出会い」の秩序に従っているにすぎなかった。それゆえ、そのような「出会い」が恒常性を欠いていればいるほど「想像は動揺し」、〈結果〉としての「記号」も多義的なものになるであろう

（EII44, Cor. 1, Sch. et EII40, Sch. 2）。想像は常にその対象の〈現前〉を肯定することから始まるのであるが、しかし続いて、想像はその〈現前〉を排除する原因によって影響を受けるのである。精神は、たとえ事物が存在していなくても、常にその事物を自己に現前するものとして想像するし、あるいはまた、かつて身体が同時に二つの物体によって触発されたとすれば、精神は後になってその一方を想像する場合、直ちに他方を想像するのであるが、そのような事態はあくまでも想像の対象の「現前する存在を排除する原因が現われぬかぎりにおいて」のみ可能なのである（EII44, Cor. 1, Sch.）。かくして、対象の現前的存在を肯定している〈現在〉時においてすら想像は偶然的なのであるから、当の現前的存在を排除する原因が容易に現われうる「過去」や「未来」の時間においては、想像はいっそう偶然的であると言われねばならない（EII44, Cor. 1 et Sch.）。かくして、〈過去〉や〈未来〉の時間が〈現在〉時にいわば収斂するにつれて、「想像」はいわば〈弱まる〉のであるが、しかしそのことが直ちに〈理性への移行〉を意味するのではない。「想像」はあくまでも「像」としての観念（つまり〈産出されたもの〉）にかかわるのに対して、「理性」は「事物の共通の特質」（つまり〈産出されつつあるもの〉）にかかわるのであって、われわれはこの「事物の共通の特質」を「常に現前するものとして観想し」（なぜなら、この場合、当の事物の現前的存在を排除するものは何ら存しえないからである）、かくて「常に同じ仕方で想像する」（EV7, Dem. 傍点は引用者による）からである。対象の現前の完全な肯定に対する想像の要求を満たすのはあくまでも理性であって、想像それ自身はそれを果すことができない。さまざまな原因から触発を受けるという、自らの固有の宿命に捉えられた想像は、対象の現前を完全に保持するには到らないのである(67)。

かくして、われわれは再び、「事物を偶然的なものとしてでなく、必然的なものとして観想することは、理性の本性に属する」という定理に帰ってくるのであるが、その場合、理性はそのような〈事物の必然性〉のもとに、当の事物を「真に、言うならそれ自身において在る通りに」知覚するのであった（EII44, Cor. 2, Dem.）。言い換えるならば、事物のこの必然性は「神の永遠なる必然性そのもの」（EII44, Cor. 2, Dem.）なのである。なぜなら、既に繰返し述べたように、神の本性の必然性から無限に多くのものが無限に多くの仕方で（言い換えるならば、無限の知性によって捉えることのできるすべてのものが）生じ来なければならなかったからである（EI16, Pr.）。したがって、個々の様態的事物についても、その存在が本質に含まれていないのであるかぎり、当の存在は「持続」に服するのであるが、その本質そのもの（言うなら、神の属性のなかに含まれているかぎりでの、個物の形相的本質〉は或る〈永遠のかたち〉、言うなら「永遠の相（species aeternitatis）」を有している、と言われねばならない（EII44, Cor. 2, Dem.）。一個の様態的事物の形相的本質は、たとえ自ら自身によって存在するのではなくて、神を原因として神の力によって存在するのであるにしても、当の本質に固有の、或る必然的な存在を有するのである。言い換えるならば、当の本質それ自身の存在は必然的に原因としての神によって概念され、かくて当の原因から生ずる永遠なる必然性によって概念されるのである。〈様態的事物の形相的本質〉が「持続」に服するかぎりでの〈様態的事物の存在〉と混同されることなく有するこの〈存在〉、有限なすべての様態的事物の〈持続における存在〉を規整しているこの〈本質それ自身の存在〉、言うなら〈間接無限様態〉は、各々の様態的事物がそのもとに合一あるいは分解を遂げるところの諸々の法則の総体が永遠の真理を成しているかぎり、永遠である。かくして、精神は、諸々の存在する様態を共通概念によって概念するかぎり、永遠であると言われねばならない。理性の基礎は共通概念であって、そうした概念はすべての事物に共通なものを説明するのであり、けっして個物の現実的本質を説明するのではないのであるから、それらの概念は「何ら時間との関係なしに、或る永遠の相のもとに」考えられねばならぬのである（EII44, Cor. 2, Dem.）。

個々の様態的事物の形相的本質に固有の存在、当の本質それ自身の存在とは、右にみた如く、「神の本性の永遠なる必然性から無限に多くのものが無限に多くの仕方で生じ来るがゆえに個物に付与される存在」、言い換えるならば、「神のなかに在るかぎりでの個物に具わる存在そのもの」を意味するのであって、それというのも、たしかに各々の個物は他の個物から一定の仕方で存在するように決定され、かくて持続に服するのであるとはいえ、しかし、「各個物が存在に固執する力はやはり神の本性の永遠の必然性から生じ来る」のであったからである（EII45, Sch.）。そうだとすれば、現実的に存在する個物の観念は当の個物の形相的本質ならびに本質それ自身の存在を必然的に含んでいる、と言われねばならない（EII45, Dem.）。言い換えるならば、個物の観念は、時間的に持続すると言われるかぎりにおける存在を含む、と言われるようになっても、神の属性のなかに包容されているかぎりにおける存在を含むことを止めるわけではない、ということである（EII8, Cor.）。このように、〈本質それ自身の存在〉とは、本質が神の属性のうちに位置を占めることなのである。かくて、個物の観念は自らの属する属性の概念を必然的に含んでいなければならない。実際、各々の属性の様態は、それが様態となっている属性のもとで神が考察されるかぎりにおいてのみ、神を原因としたのである（EII6, Pr.）。ところで、各々の属性は神の永遠にして無限なる本質を表現するものであった（EI, Def. 6）。かくして、「現実的に存在する各々の物体ないし個物の観念はすべて、神の永遠にして無限なる本質を必然的に含んでいる（EII45, Pr.）、ということが帰結する。右の如き分析から明らかなように、この定理（「第二部定理四五」）の眼目は、「共通概念」に依拠して「神の観念」に到達するとともに、その到達した「神の観念」から一切の他の観念を演繹することにある。かくして、個物が〈神の属性のなかに包容されているかぎりにおける存在〉において考察され、そのような存在（個物の形相的本質それ自身の存在）が共通概念のもとに把握されるとき、「個物の観念は神の無限なる観念が存在するかぎりにおいてのみ存在する」、ということが明らかになる（EII8, Cor.）。「共通概念」によって導かれる「神の観念」が、却って一切の個物の観念を表現することになるのである。

ここに、神の永遠にして無限なる本質を表現するものである属性はその実質を変える。既に述べた如く、属性はもはや、それがその本質を構成しているところの実体と、それがその本質を包含しているところの個物とに、〈共通する形相〉として捉えられるのではなく、むしろ、神的実体の形相的本質を構成し、かつ個物の現実的本質を含み認識するものとして、〈一義的形相〉のもとに知解されることになる。したがって、われわれが神について認識する事柄は、われわれがそれを認識する〈同じ形相〉のもとで神に属している、言い換えるならば、それ〈われわれが神について認識する事柄〉を所有する神と、それを内に含み認識するわれわれ人間とに、〈共通な形相〉のもとで神に属しているのである。[68] しかし、個物は自らが様態となっている属性のもとで神が考察されるかぎりにおいて神を原因とするのであり、個物の観念についてもそれと同じことが言えるのである以上、われわれは神の一部しか認識しないということになるのではないか。否、そうではない。なぜなら、神の一部を認識する以前に、われわれの精神はそれ自身「神の無限の知性の一部分」（EII11, Cor.）だったからである。[69] 実際、われわれは、われわれが「神の観念」に対応する〈思惟する絶対的な力能〉を分有するかぎりにおいてのみ、認識し知解する力能を有するのである。言い換えるならば、「事物を部分として考察しようと全体として考察しようと、その事物の観念は神の永遠にして無限なる本質を含んでいるのであって、このことは、当の観念が全体に関するものであろうと部分に関するものであろうと変わりはない」のである（EII46, Dem.）。それゆえ、「すべてのものに共通であって、等しく部分のなかにも全体のなかにも在る」ようなものがありさえすれば、「神の永遠にして無限なる本質の認識を与える」には十分なのである（EII46, Dem.）。かくして、神のうちに在るかぎりにおける個物の「各々の観念が含んでいる神の永遠にして無限なる本質の認識は妥当で完全である」(EII46, Pr.)、ということになるのである。

そうだとすれば、一個の個物の観念である「人間精神」もまた「神の永遠にして無限なる本質の妥当な認識を有する」(EII47, Pr.)、と言われねばならない。「人間精神の形相的な在ること(esse formale)を構成する観念」はけっして単純なものではなく、極めて多くの観念から組織されていた(EII15, Pr.)。人間精神は、よって以て自ら自身を、自らの身体を、ならびに外部の物体を、現実的に存在するものとして知覚するところの、諸々の観念を有するのである(EII47, Dem.)。人間精神を組織するそれらの諸観念は思惟なる属性のもとでの神の変状であって、そのようにして神の永遠にして無限なる本質を必然的に含むかぎり、それらの観念はすべて神のうちに与えられている。それは神のうちに在るのと同様にしてわれわれ人間のうちに在る観念、言うなら「真なる観念」であって、神が全面的に人間精神の本性によって説明されるかぎりにおいて神のなかに在る妥当な観念に他ならぬのである。言い換えるならば、神はあらゆる観念、すなわち事物が存在するのと同じだけの観念、を所有するのみならず、神のうちに在るすべての観念はそれらの固有の原因たる「神の観念」と、当の原因を規定する「神の永遠にして無限なる本質」

とを、表現するのである。かくして、人間精神は神の永遠にして無限なる本質の妥当な認識を有するのである。

そうだとすればまた、「神の無限なる本質ならびにその永遠性はすべての人に識られる」、と言われねばならぬことになる（EII47, Sch.）。在りとあらゆるものは神のなかに在り、かつ神によって概念されるのであるから、その結果としてわれわれは神の観念から極めて多くの妥当な観念を導き出し、かくて神の本質と一個の個物たるわれわれ自身の本質と他の諸々の個物の本質との妥当な観念が神のうちに在るがままにわれわれのうちで反照しあうようにさせ、よって以てわれわれ自身の永遠性を実際に経験するのである。そのようにして、われわれはあの「第三種の認識」を主題化しうることになる。しかし、われわれ人間は神については「共通概念」によってほどには明晰な認識を有さない。なぜなら、「人間は神を物体のようには想像することができない」からであり、さらには「人間は〈神〉という名前を自らが通常見慣れている諸事物の像に結合してきた」からである（EII47, Sch.）。実際、既に考察した如く、「共通概念」は「想像」それ自体のうちに自らの〈主題化〉の起源を見出しえたし、また現実的な面からみても、それは〈個々の存在する様態としての想像されうる事物〉にのみ関係づけられるのであった。それゆえ、「共通概念」は「像」に似通っている側面があって、[70] そのかぎり、「共通概念」は神の本質を〈一般的機能〉によって表現するに留まるのである。しかるに、「神の観念」は神の本質をその形相的本性において知解するのであって、想像されうる事物にはけっして関係づけられえないものである。それゆえ、たしかに「共通概念」と「神の観念」とは、前者が後者へとわれわれを導き、かくてわれわれに必然的に神の認識を与えるというかぎりにおいては、相互に密接な関係にあるのであるが、しかし、「神の観念」それ自体を「共通概念」として、あらゆる概念のなかで最も一般的な概念であるかの如くに考えることは、禁じられねばならない。たしかに、そのように考えることは、人間が絶えず外部の物体から触発を受けている以上、ほとんど避けがたい事態ではある(EII47, Sch.)。しかし、精神のなかで起ることには然るべく正しい名前を付与せねばならない(EII47, Sch.)。共通概念は神の観念に導くのであるが、しかし、神の観念それ自身は共通概念ではないのである。

注

（1）Deleuze, G., *Spinoza et le problème de l'expression*（以下 *SPE* と略記）, Les éds de Minuit, 1968, p. 36.

（2）Deleuze, G., *SPE*, p. 21.

（3）Deleuze, G., *Spinoza: Philosophie pratique*（以下 *SPP* と略記）, Les éds de Minuit, 1981, pp. 72-73.

（4）Deleuze, G., *SPP*, p. 89.

（5）Deleuze, G., *SPE*, p. 18.

（6）cf. *EV23, Sch.*「……精神は、知解することによって概念する事柄を、想起する事柄と同等に感ずる。つまり、事物を見、かつ観察する精神の眼が、証明そのものなのである。」

cf. *TTP, Cap. 13.*「もし、われわれは神の属性を知解する必要などない、むしろそれを証明なしにまったく単純に信ぜねばならぬ、と言う者がいるならば、それは駄弁を弄しているにすぎぬであろう。なぜなら、眼に見えない事物、かくて独り精神の対象である事柄は、証明に依る以外にいかなる眼によっても見られえないからである。ゆえに、証明をもたない者はそれらの事柄に関してまったく何ものをも見ていないのである。」

（7）佐藤一郎『個と無限——スピノザ雑考——』（風行社、二〇〇四年）では、「無限に多くの仕方で」という条りは「無限数の属性に応じて異なった仕方でという意味である」、と主張されている（七頁、傍点は原文による）が、それは言うまでもないことであって、さらには、あるいはむしろ、問題の「定理一六」では「無限の知性によって捉えることのできるすべてのものが」と言い換えられているのであるから、無限数の属性の各々から「無限に多くのものが無限に多くの仕方で生じ来なければならない」と解されるべきである。「属性」が

「実体」に代えて「属性」と言われるのは、〈そこにおいて様態が産出されつつあるかぎりにおいて〉のことである。

（8）Deleuze, G., *SPP*, p.119.

（9）「存在者」としての〈ens〉を「在りつつあること」と言って「在りつつあるもの」と言わないのは、「存在者」を〈働き・活動〉の相のもとにみるからである。〈働き・活動〉は〈完成態〉においては〈一瞬静止したかにみえる動き〉として概念されるが、そのような概念のもとでは「在りつつあること」は「在りつつあるもの」と重なりあう。（拙著『デカルトの「観念」論——『省察』読解入門——』知泉書館、二〇〇五年、一三—一四頁参照。）

（10）参考までに、デカルトは「観念の思念的実在性（realitas objectiva ideae）」を定義して、「観念によって表現される事物の、観念のうちに在るというかぎりにおける、在りつつあること性〔存在者性〕（entitas）」と述べている。（2[ae] *Responsiones, Def.* 3., AT, T. VII, p. 161.〔　〕内は引用者による補足。）

（11）cf. *Descartes à Regius, juin 1642*, AT, t. III, pp. 566-567.

（12）cf. *EII, Def. 6.*「実在性と完全性とは同一のものである、と私は知解する。」

なお、「実在性」に関しては、拙著『スピノザ『エチカ』の研究——『エチカ』読解入門——』知泉書館、二〇一二年、三二一—三二三頁、および前掲拙著『デカルトの「観念」論』、九五—九七頁、参照。

（13）*I[ae] Responsiones*, AT, t. VII, p. 108.

（14）*I[ae] Responsiones*, AT, t. VII, pp. 108-109.

（15）*Principia, I, 26 et 27*, AT, t. VIII-1, pp. 14-15.

（16）Deleuze, G., *SPP*, p. 102.

（17）Deleuze, G., *SPE*, p. 194.

（18）著者はかつて、神の属性のなかに包容されているかぎりにおいて、かくて〈産出されつつある〉かぎりにおいて、捉えられる「様態的個物」を〈res particularis〉と解し、また神の属性から切り離されて、かくて〈産出された〉かぎりにおいて、捉えられる「様態的個物」を〈res singularis〉と解したことがあったが、これは誤りである。この場を借りて訂正させていただきたい。（拙稿『スピノザの「共通概念」論』、立正大学文学部研究紀要、第二四号、二〇〇八年、四〇頁、注（32）参照。）既に述べた通り、「様態的個物」に当るものは〈res singularis〉であって、これがあるいは「本質（神の属性のなかに含まれているかぎりでの）」の相のもとに、〈産出されつつあるもの〉として、あるいは「存在（持続に服するかぎりでの）」の相のもとに、〈産出されたもの〉として、二様に捉えられるのであった。

（19）cf. Deleuze, G., *SPE*, p. 38.

（20）3^a *Meditatio*, AT, t. VII, p. 45.

（21）*ibid.*

（22）5^a *Meditatio*, AT, t.VII, p. 42 et pp. 46-47.

（23）1^{ae} *Responsiones*, AT, t. VII, p. 112.

（24）2^{ae} *Responsiones*, AT, t. VII, p. 139.

（25）3^{ae} *Responsiones*, AT, t. VII, P. 188.

（26）*Descartes à Regius, 24 mai 1640*, AT, t. III, p. 64.
cf. 5^{ae} *Responsiones*, AT, t. VII, p. 365.

（27）4^{ae} *Responsiones*, AT, t. VII, p. 239.

(28) 1^{ae} *Responsiones*, AT, t. VII, p. 108.

(29) 1^{ae} *Responsiones*, AT, t. VII, pp. 110-111.「神は自己自身に対して、作用原因がその結果に対するのと、或る意味で同じ関係に立ち、したがって、神は積極的に自己自身に由因してある。」

(30) 4^{ae} *Responsiones*, AT, t. VII, p. 235.

(31) 〈永遠真理被造説〉に関する詳しい検討は、前掲拙著『デカルトの「観念」論』一七六―一七八頁、『スピノザ『エチカ』の研究』二二一―二二四頁、参照。

(32) 3^{a} *Meditatio*, AT, t. VII, p. 46.

(33) 5^{ae} *Responsiones*, AT, t. VII, p. 368.

(34) *ibid*.

(35) Gueroult, M., *Spinoza I: Dieu*, Aubier-Montaigne, 1968, p. 312.

(36) Deleuze, G., *SPP*, p. 124.

(37) Deleuze, G., *SPP*, p. 100.

(38) 佐藤一郎前掲書では「直接無限様態が個物の本質を構成しない」(傍点は原文による) と述べられているが (二三頁)、「個物」や「本質」の〈両義性〉には無関心である。また、「直接無限様態が個物の位相と截然と区別される位相にあって、Cii の聯関から超越することを表わしている」と述べられていて (二五頁)、「個物」が〈有限な個物〉とのみ解されている。このことは、一方で「間接無限様態」を「個物」であるとする主張 (一七頁) と矛盾する。

(39) 佐藤一郎前掲書では、直接無限様態の特性として「普遍性」が指摘されている (一九―二三頁)。

(40) このような事態を様態の面からではなく、自己原因としての実体、言うなら属性、の面から述べるなら、実体は自己自身を〈知解する〉がままに一切を産出し、自らの産出する当の一切を〈知解する〉とともに、それら二つの〈知解〉の形相をも産出する、というわけであって、その〈知解の形相〉が「無限の知性」に他ならない。

(41) cf. Deleuze, G., *SPP*, p. 120.

(42) Gueroult, M., *op. cit.*, p. 328.

(43) Deleuze, G., *SPP*, p.126.; *SPE*, p. 258.

(44) ドゥルーズはこの定理（「第三部定理三」）に依拠して、「いかにしてわれわれは能動的になりうるのか、いかにしてわれわれは妥当な観念を生ぜしめうるのか」という「本来的に倫理的な問い」が生じ来る、と述べて、問題の〈移行〉を肯定している（Deleuze, G., *SPE*, p. 201）。

　なお、柴田健志「真理と生――スピノザの知識論再考」、日本哲学会編『哲学』第56号、二〇〇五年、では、ドゥルーズを批判して問題の〈移行〉が否定されているが、〈無媒介的区別〉の問題は主題化されていない（二一六頁）。

(45) Deleuze, G., *SPE*, p. 258.

(46) Deleuze, G., *SPP*, p. 127.

(47) Deleuze, G., *SPE*, p. 132.

(48) Deleuze. G., *SPP*, pp. 143–144.

(49) Gueroult, M., *op. cit.*, p. 75.

(50) Deleuze, G., *SPP*, p. 116.

(51) Deleuze, G., *SPP*, pp. 107–108.

(52) Deleuze, G., *SPE*, p. 135.

(53) ドゥルーズは非妥当な観念が「長所」、言うなら〈何か積極的なもの〉を有することに依拠して、妥当な観念の形成の可能性を語り、問題の〈移行〉を肯定している。(Deleuze, G., *SPE*, p. 134.; *SPP*, p. 108.)

(54) Deleuze, G., *SPE*, p. 254 sq.; *SPP*, p. 129.

(55) Deleuze, G., *SPE*, p. 261.; *SPP*, pp. 127–128.

(56) Deleuze, G., *SPE*, pp. 260–261.

(57) Deleuze, G., *SPE*, p. 262.

(58) *ibid.*

(59) Deleuze, G., *SPP*, p. 128.

(60) Deleuze, G., *SPE*, p. 262.

(61) Deleuze, G., *SPP*, p. 128.

(62) 前掲拙著『スピノザ『エチカ』の研究』「第二部第六章」(一五七頁以下)で展開された「共通概念」の解釈はドゥルーズの主張に添ったもので、「形成の秩序」と「適用の秩序」との関係に関して曖昧な記述に終始している。この場を借りて訂正させていただきたい。

(63) Deleuze, G., *SPE*, p. 278.

(64) 佐藤一郎前掲書では、直接無限様態を「第二種の認識」の対象とする(二四頁)一方で、「第三種の認識」が「直接無限様態を経由せずに」果されるものと主張されている(二六頁、四四頁)が、スピノザは「第二種の認識」から「第三種の認識」への移行を語っているのであるから、右の主張は矛盾を含んでいる。

(65) Deleuze, G., *SPP*, p. 84.

(66) Deleuze, G., *SPP*, pp. 91–92.
(67) Deleuze, G., *SPE*, p. 274.
(68) Deleuze, G., *SPE*, p. 128.
(69) Deleuze, G., *SPE*, p. 129.
(70) Deleuze, G., *SPE*, p. 273.

あとがき

本書は、去る二〇〇二年に今回と同じ書肆から出版された拙著『スピノザ『エチカ』の研究――『エチカ』読解入門――』の内容を、『エチカ』における主要概念のひとつである「共通概念」に集約させて論じ直したものである。立論の基礎はデカルトの「作用原因」の概念、つまり〈原因は結果を産出しつつあるかぎりにおいてのみ原因たりうる〉とする見解である。本書では、スピノザがこの概念を引き継ぎながらも変更し、以てデカルトとは異なる仕方で自らの「自己原因」の概念をうち立てている、ということを明らかにした。『エチカ』の解釈については全般的にドゥルーズの解釈に依拠したが、「共通概念」にかかわる重要な問題、すなわち、「非妥当な観念」から「妥当な観念」への〈移行〉の問題、ならびに「共通概念」を〈適用の秩序〉と〈形成の秩序〉とに区別して考察する問題、に関しては解釈を異にした。このドゥルーズ批判に関しては、柴田健志氏のご高論「真理と生――スピノザの知識論再考」（日本哲学会編『哲学』第五六号、二〇〇五年）に触発された。ここに記して謝意を表したい。

本書の刊行は知泉書館の小山光夫氏のご慫慂なくしては実現しなかった。厳しさを増す出版事情のもとご厚情を賜わり心より感謝申し上げたい。また、高野文子氏にも出版にかかわるあらゆる事柄についてご尽力いただいた。厚くお礼申し上げたい。

二〇一〇年八月

福居　純

ら　行

ま　行

や　行

た　行

な　行

は　行

さ　行

索　引

福居　純（ふくい・あつし）

1938年愛媛県に生まれる。東京大学教養学部教養学科卒業。東京大学大学院人文科学研究科博士課程単位取得。西洋近世哲学専攻。一橋大学・東京都立大学名誉教授，博士（文学）。

〔著書〕『デカルト研究』（創文社，1997年），『スピノザ『エチカ』の研究――『エチカ』読解入門』（知泉書館，2002年），『デカルトの「観念」論――『省察』読解入門』（知泉書館，2005年）他

〔スピノザ「共通概念」試論〕　ISBN978-4-86285-091-1

2010年9月5日　第1刷印刷
2010年9月10日　第1刷発行

著　者　福　居　　純
発行者　小　山　光　夫
印刷者　藤　原　愛　子

発行所　〒113-0033 東京都文京区本郷1-13-2
電話03(3814)6161 振替00120-6-117170
http://www.chisen.co.jp
株式会社　知泉書館

Printed in Japan　印刷・製本／藤原印刷